CB040174

Elas podem... e devem
O livro que vai mexer com você

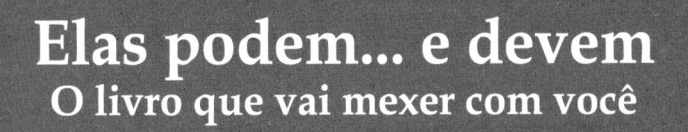

FLAVIANE BRANDEMBERG

"...A fantasia e a pré-disposição podem ser uma inspiração para a arte de amar.."

2ª Edição

Capa e Projeto Gráfico:

House Comunicação

Renato Heitor Santoro Moreira

Revisão:

CM Soluções em Marketing

Izadora S. Bezerra

Ilustrações:

Rosana Nunes

Diretora de Operações:

Alessandra Ksenhuck

Diretora Executiva:

Julyana Rosa

Relacionamento com o cliente:

Claudia Lima

Impressão:

Dados Internacionais de Catalogação na Publicação (CIP)
(Câmara Brasileira do Livro, SP, BRASIL)

Brandemberg, Flaviane

Elas podem...E devem / São Paulo: Editora Ser Mais, 2013.

Bibliografia.
ISBN 978-85-63178-42-8

1. Educação sexual para mulheres. 2. Homens – Comportamento sexual. 3. Excitação sexual. 4.Prazer sexual. 5. Sedução. 6.Sexo. 7. Comunicação em sexo. 8. Relações sexuais - I. Título.

CDD 306.7

Índices para catálogo sistemático:

1. Educação sexual para mulheres. 2. Homens – Comportamento sexual. 3. Excitação sexual. 4.Prazer sexual. 5. Sedução. 6.Sexo. 7. Comunicação em sexo. 8. Relações sexuais - I. Título.

Editora Ser Mais Ltda

rua Antônio Augusto Covello, 472, Vila Mariana,

São Paulo (SP) – CEP 01550-060

Fone/fax: (0**11) 2659-0968 - Site: www.editorasermais.com.br e-mail:

contato@revistasermais.com.br

Agradecimentos

Na realidade, centenas de páginas seriam o mínimo para agradecer a Deus, minha família e ao meu grande companheiro, Andrea Tagliavini, que acreditou e me apoiou neste trabalho. Além das pessoas maravilhosas que me inspiraram a escrever este livro. No entanto, não citarei o nome de todas porque são muitas, então, vou resumir, e aquelas pessoas de cujas vidas faço parte saberão o tamanho do carinho que aqui exponho.

Equipe de Apoio

Às queridas alunas, que são meu laboratório de pesquisas; às grandes amigas; às assistentes Rosilene Sperandio, Geciane Cerqueira e Mikely Melo; à minha grande apoiadora Tânea Mara Venturim e muitas outras mulheres maravilhosas. Obrigada por me ajudarem a fazer deste sonho uma realidade!

Equipe de Revisão, Criação e Desenvolvimento

Agradeço às equipes da CM Soluções em Marketing e da House Comunicação, bem como à artista plástica Rosana Nunes, que me ajudaram a materializar este livro, trabalhando comigo na revisão dos textos, criação do visual e impressão. Vocês foram fundamentais na concretização deste trabalho.

Apresentação

Estamos vivendo mais um momento de revolução sexual. Muitos príncipes e princesas estão saindo cada vez mais de seus castelos a fim de buscar mais orientações e informações sobre a importância da sexualidade. Divórcios, separações, casamentos sem intimidade, falta de conhecimento e inúmeras trocas de parceiros. O que resta no final? Muito sofrimento, angústia, perguntas e respostas. Isso é o que tenho visto nesses oito anos de trabalho em que acompanhei mais de dez mil mulheres.

Este livro foi escrito com o objetivo de informar, educar e ampliar os conhecimentos das minhas alunas e o seu, leitora, já que as mulheres têm vários pontos em comum, apesar das suas mais diversas trajetórias de vida.

Comecei a realizar este trabalho de orientação a partir da minha experiência pessoal. Inicialmente, a minha vida sexual não era das melhores e, com o tempo, após uma busca constante (e que ainda não acabou!), consegui mudar esse quadro, a minha história. E muito do-que aprendi compartilharei nesta obra com vocês, mulheres maravilhosas.

O aprendizado se deu através de terapias, cursos de graduação, funcionais e de especialização. Desde então, tive uma grande descoberta: o sexo não era ruim, dolorido e tão difícil quanto parecia! Sim! É isso que você leu! Não é ruim, muito pelo contrário, ele é gostoso, saboroso e faz bem para a saúde!

Nasci numa família religiosa, na qual a educação sexual não foi das mais abertas. O que se deu foi justamente o oposto: era completamente sem informação, orientação e direcionamento – e essa foi também a educação recebida pelos meus pais. De tal modo é a nossa cultura, nossa educação ocidental, em que a religião tem um papel fundamental na construção da identidade sexual. E, infelizmente, muitas religiões não têm cuidado e nem conhecimento para tratar de tal assunto. Com isso, inúmeras pessoas estão provando o amargo sabor da falta de informação ao longo de suas vidas.

Libertar-se de muitos tabus e preconceitos auxilia sobremaneira a ter uma vida íntima mais completa. Diante disso, eu a convido a mergulhar numa leitura que, sem dúvida, irá mexer com você!

Então... até as próximas páginas!

Boa leitura!

Nota importante

As informações contidas neste livro são baseadas nas experiências da autora com suas alunas, em livros, artigos e pesquisas acerca do assunto. Todos os esforços foram feitos para que você possa entender mais os universos feminino e masculino.

O livro não busca o que é considerado politicamente correto, uma vez que esses conceitos são subjetivos. A obra não possui nenhuma tendência machista ou feminista. Os textos que a compõem não tratam a mulher como um objeto sexual a serviço dos prazeres do homem. Ao contrário. O que se propõe é uma reflexão, de modo que a mulher aprenda a se amar em primeiro e segundo lugares.

Na medida em que a mulher descobrir sua força e assumir o papel de decisora sobre sua vida e sua sexualidade, ela se construirá. Com esse embasamento ela saberá conduzir também o seu parceiro para uma vida sexual mais harmoniosa e feliz. Afinal, elas podem e devem!

No entanto, é preciso que você esteja com sua mente e seu corpo livres, para que possa se permitir viajar, mergulhar e saltar num oceano de prazer e mistério. É extremamente importante que esteja com sua saúde em dia. Caso se encontre com algum tipo de problema, procure ajuda de um profissional.

Sumário

Prefácio

O grande mistério:
uma viagem pelo seu corpo

As normas culturais, no que tange à sexualidade, têm passado por uma grande metamorfose. O comportamento sexual tem variado ao longo da história ocidental, passeando entre o liberal e o puritanismo, a repressão e a aceitação da sexualidade humana. É extremamente interessante – e importante – fazermos um breve resgate histórico sobre esse tema.

Durante décadas, a mulher teve uma educação sexual reprimida e preconceituosa, a qual preconizava que o principal papel feminino era o de servir, ou seja, preocupar-se com o outro, satisfazer ao seu parceiro e gerar filhos. Era o comportamento mais apropriado para não ser marginalizada dentro e fora de casa. Demonstrar qualquer sinal de prazer durante uma relação sexual com o próprio marido poderia fazer com que a mulher fosse vista como vulgar.

Nos meus atendimentos, palestras, cursos, seminários, muitas mulheres me falam sobre seus medos, angústias e falta de conhecimento, principalmente no que diz respeito a seus corpos e ao orgasmo. Aliás, muitas nem sabem o que é isso! Nesse cenário, as perguntas mais frequentes das minhas alunas são: Como sentir mais prazer? Como posso chegar ao orgasmo? Como posso me conhecer melhor? Várias delas têm casamentos de longas datas e vivem num mundo de muitos conflitos internos e sem conhecimento sobre o prazer.

É importante esclarecer aqui que cada pessoa, mulher ou homem, funciona de forma diferente... Graças a Deus! E no sexo essa máxima também é verdadeira! Não existe uma regra de "como deve ser", uma espécie de receita de bolo. Antes de mais nada, devemos nos permitir, com os recursos existentes, como toques, dicas e estudos, encontrar um caminho mais proveitoso para alcançar o prazer desejado.

Por isso, convido você agora a ampliar a sua visão sobre o seu próprio prazer, para que seja mais livre para experimentar e se aprofundar, especialmente, no reino do amor. Todo mundo pode e deve se consentir descobrir algo novo sobre seu corpo, sua excitação, seu prazer e desprazer numa situação sexual, sozinha e com seu parceiro.

Do que não tenho dúvida é que nosso corpo é um universo, onde existem muitos pontos a serem descobertos, e de que, quando se acha que já encontrou todos, há um novo a se desvendar. Então, por que em pleno século XXI ainda existe esse peso em nossa cultura, em nossas famílias? Será que a mulher ainda apresenta dificuldade em se tocar, se conhecer? Será que muitas mulheres conseguem se masturbar? (Sim, eu disse mas-tur-bar! E não é nenhum palavrão...) Quantas se permitem usar um vibrador ou qualquer outro tipo de acessório? Como podem se libertar de tanto peso, de tanto "pecado"?

Antes de responder a essas questões, eu lhe pergunto: O que você deseja? O que diz sobre você: gosta do seu corpo? Do seu órgão sexual? Quando se olha no espelho, qual a sua referência sobre ele? Você se acha bonita ou feia? Será que todas essas referências influenciam no prazer? Sim, sem dúvida! Tanto positiva quanto negativamente.

Permita-me, então, abrir um leque de sugestões onde você poderá mergulhar num mar de prazer, sem medo, nem culpa! Somos seres humanos, únicos! Vale confiar em você e se permitir, principalmente no que se refere ao sexo, descobrir-se e buscar a plena satisfação. Convoco você a examinar seus conceitos e ideias sobre a sexualidade, desafiando todos os mitos, tabus e atitudes preconcebidas que envolvem esse assunto em nossa sociedade.

E, lembre-se: a grande descoberta começa em si mesma, em sua casa. Quanto mais você aprender sobre si, mais perceberá que você, e não seu parceiro, é a fonte do seu próprio prazer. Por meio de dicas e exercícios, você descobrirá uma mulher linda, adorável e cheia de prazer, autoaceitação e autoestima.

Convido você, leitora, a tirar um momento para responder às perguntas acima. E então? Gostou das respostas que ouviu?

Capítulo I

Praticando sozinha: despertando sua sensualidade Parte 1

A sexualidade, é claro, faz parte da nossa vida e de todas as pessoas. No entanto, a habilidade de dar e receber prazer precisa ser aprendida e compreendida. Sua vida pode ser intensificada, renovada, energizada e expandida se você aprender mais sobre seu corpo e seus sentimentos, e tiver a certeza do que quer e de onde deseja chegar.

Você se abrirá para todas as possibilidades de um relacionamento mais saudável e com muito mais intimidade, mais do que jamais pensou ou julgou ser capaz de experimentar. Pode ter certeza: sua vida será mais feliz, com mais autoestima e autoconfiança. E, acredite, podemos até viver mais e nos tornarmos mais conscientes de nossa espiritualidade.

Com os exercícios propostos aqui, iremos explorar todos os pontos erógenos da vulva e do canal vaginal e seu corpo como um todo. Anatomicamente, o clitóris tem uma rede nervosa de terminações três vezes maior que a do pênis. É isso mesmo! Três vezes mais! Os exercícios sugeridos são para aumentar a sua sensibilidade externa e internamente.

Poucos sabem, mas a vagina propriamente dita é a parte interna, aquela que não visível ao olho nu. Em geral, ela está em um estado contraído e, quando uma mulher é excitada mental, verbal, visual ou fisicamente, em trinta segundos inicia-se um processo de lubrificação dessa região. Outra curiosidade é que ela muda de tamanho e de cor quando a mulher está excitada.

A parte externa da genitália da mulher é chamada de vulva e inclui o monte de vênus, lábios maiores e menores, clitóris, vestíbulo e introito vaginal. O órgão interno inclui o ovário, as tubas uterinas, o útero e a vagina.

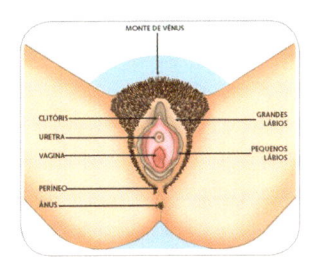

Agora que você já conhece um pouco mais da estrutura do seu órgão sexual, mãos à obra, porque os exercícios vão começar!

O primeiro passo:

Seja paciente consigo mesma e com os exercícios. O objetivo é levar você a uma viagem cheia de estratégias para criar uma atmosfera de muita intimidade. Tenha calma! Através da prática, você pode criar novos caminhos em seu corpo. Depois de alguns dias, já sentirá a diferença. Seu órgão sexual estará mais vivo do que nunca e a excitação parecerá percorrer por novas partes do seu corpo. Então, amiga, repito: mãos à obra!

Preparativos:

- Crie um espaço sagrado, erótico e sensual para se sentir o mais à vontade possível;
- Se preferir, deixe o local a meia-luz, iluminado por velas;
- Reserve pelo menos cinco minutos para cada exercício.

Exercício número 1:
Um olhar de apreciação

Você é linda, maravilhosa e sexy! Como já dito por grandes pensadores, você é o que acredita ser. Não se sabote, mas aprenda a se amar! Fique durante alguns minutos agradecendo e apreciando esse templo sagrado que é seu corpo na frente do espelho. E diga para você (isso mesmo, diga confiante): como sou linda, um espetáculo! Jogue até um beijo para essa pessoa linda.

As mulheres aprendem desde cedo a ouvir "não pode", "isso não", "não mostra isso" e, sem dúvida, para muitas delas essa mensagem se fortalecerá na sua formação sexual, a ponto de não conseguir se valorizar perante o parceiro. Sobressaindo muito mais o sentimento de vergonha, colocando algum aspecto físico que não lhe agrada em primeiro lugar. E o resultado desse conceito é uma sexualidade travada, recheada de preconceito, com pouca sensualidade ou a inexistência de orgasmos.

Na contramão, os homens, independente de sua forma física, se acham "lindos, tesões, bonitos e gostosões". Desde o seu nascimento, as mães já tocam e elogiam seu órgão sexual. Os pais falam com muita propriedade que seu filho "pegará todas", que é muito macho e elogiam continuamente seu órgão sexual. Resultado: os homens são mais confiantes. Por que continuaremos nos desvalorizando? Precisamos aprender com eles!

Exercício número 2:
O toque da valorização

Saiba que nenhuma outra forma de atividade sexual foi tão discutida, condenada e universalmente praticada como a masturbação. Então, mais um motivo para você tentar se libertar, caso não consiga se tocar. Vale a pena tentar! Vamos praticar? Não é difícil e muito menos doloroso, faz bem e você enriquecerá sua intimidade.

Como fazer:

Na hora do banho, toque-se pelo menos vinte vezes. Faça esses exercícios no mínimo duas vezes por semana, assim, você deixará seu órgão mais sensível ao toque.

Esse exercício deixará a parte externa da sua vulva mais sensível. Quando seu parceiro lhe tocar ou realizar sexo oral, você apreciará muito mais o toque.

Exercício número 3:
Energizando-se com o balanço pélvico

Para entrar em sintonia consigo mesma, você deve, em primeiro lugar, procurar livrar-se dos pensamentos negativos e das tensões que possam vir a atrapalhá-la. Seja confiante e paciente ao invés de crítica e exigente. Quanto mais calma, mais fácil será para atingir um nível maior de prazer. Apenas curta o que está fazendo. Entregue-se!

Na hora do banho, rebole cerca de trinta vezes. Mexa esse quadril! Sinta-se uma deusa! E, ainda, se seu parceiro chegar e presenciar a cena, pode ser que ele não entenda nada, mas, certamente, vai adorar ver o "show molhado"!

Com a prática frequente desses exercícios, você ficará com o movimento do quadril mais leve, mais sensual, além de aumentar sua autoconfiança para brincar na frente do parceiro. Homens adoram o movimento de quadril da mulher enquanto fazem amor. Por isso, não perca tempo! Rebole, mocinha!!!

Flaviane fala:

Sinto-me muito feliz quando as mulheres, após seu treinamento, se tocam pela primeira vez. O número de mulheres que nunca se masturbaram é altíssimo! Elas possuem diversas faixas etárias e níveis sociais diferentes. O mais impressionante são os depoimentos que trazem sobre as dificuldades ou o sentimento de culpa que sentem quando abrem essa porta da intimidade em suas vidas. Milhares delas vão nascer, viver e morrer sem experimentar um orgasmo. A masturbação não pode se tornar um vício ao ponto de atrapalhar sua vida social; mas deve ser uma forma de conhecer melhor o seu corpo. Não podemos direcionar essa responsabilidade unicamente para nosso parceiro, muito pelo contrário! O prazer é individual, visto que nosso corpo é único. Por isso, seu parceiro fará os momentos serem mais especiais se você o direcionar. Não viva cinco, dez, vinte ou cinquenta anos ao lado dele sem intimidade. Muitos casais vivem uma vida inteira juntos sem conhecerem a estrada que leva um ao outro ao paraíso.

Despertando sua sensualidade Parte 2

Seu músculo sexual: a força do amor

Seu músculo sexual ou músculo pubococcígeo (mais simplesmente seu músculo PC) é uma trança muscular que se estende do osso púbico, na frente, até o cóccix, nas costas, circulando a uretra, a vagina e o ânus. Ele forma uma corrente que apoia o útero, as trompas de falópio, os ovários e todos os outros órgãos internos. Se seu músculo PC não for forte, não haverá sustentação para seus órgãos internos e eles podem começar a ceder.

Muitas mulheres fazem exercícios nessa região para manter uma saúde íntima invejável, como também para aumentar seu apetite sexual. Você pode contrair o músculo PC aproximadamente 100 vezes por dia. A técnica é simples: basta forçá-lo como se estivesse segurando para não fazer o xixi. As mulheres orientais praticam de 100 a mil contrações por dia. Faz parte da cultura do Oriente. Por que não pegar carona nesses conhecimentos milenares e introduzi-los no seu dia a dia? Faça os exercícios de forma gradual e crescente. Seja paciente e disciplinada, não existem vitórias sem sacrifícios. Para ficar boa, dá trabalho mesmo!

Dica:

Coloque etiquetas, despertador no celular, fitinhas, bilhetes na geladeira, no guarda-roupa... tudo para lembrar que você precisa fazer os exercícios. Isso me ajudou muito e a ajudará também!

Exercício número 1:
Interrompendo o fluxo da urina

- Contraia o músculo PC, a fim de interromper o fluxo da urina;
- Expire e comece a soltar a urina vagarosamente;
- Repita o processo quantas vezes forem necessárias até que tenha terminado de urinar;
- Faça isso apenas uma vez por dia.

Exercício número 2:
Contrações do Músculo PC

- Inspire e não contraia o PC;
- À medida em que for expirando, contraia o músculo PC (isso mesmo!);
- Solte o ar;
- Repita o processo 12 vezes na primeira semana, 24 vezes na segunda e 36 vezes a partir da terceira semana.

Esses exercícios são fantásticos e podem ser feitos a qualquer hora e lugar! Se você praticar com regularidade, aprenderá rápido a se exercitar. No decorrer do tempo, perceberá o aumento da sensibilidade.

Flaviane fala:

Cuidado com a expressão facial e corporal quando se exercitar em público. Quanto mais você contrai o músculo do amor, mais estímulo seu corpo recebe. Em contrapartida, ele envia uma injeção à sua libido e você fica com uma "carinha de muito feliz". Então, se estiver na fila do banco, num consultório ou em qualquer lugar público, carregue um livro ou uma revista para disfarçar. Muitas alunas chegam ao orgasmo em locais públicos somente com as contrações. O que você acha disso?

Despertando sua sensualidade
Parte 3

Pompoar: saúde e prazer sexual através da musculação interna

Segundo o dicionário Aurélio, pompoar (do tâmil panhm-pour, do Fr. Pompoir) é uma contração voluntária dos músculos circunvaginais com o objetivo de induzir sensações eróticas no pênis durante o ato sexual, prolongando e intensificando o prazer. Trata-se de uma prática realmente muito antiga, que faz parte do conhecimento de inúmeras pessoas. Mulheres de várias partes do mundo utilizam essa técnica para dar e receber muito prazer.

O pompoar é uma arte simples e ilustre, que intensifica a sensualidade e a sexualidade feminina. Quando praticada, pode melhorar muito a relação amorosa, aumentando o prazer sexual e fortalecendo o laço afetivo do casal. Os exercícios seguintes devem ser praticados pelo menos três vezes por semana. Não é necessário seguir a ordem dos acessórios descritos. Porém, cada um tem sua função na musculatura.

Você estará exercitando o seu músculo do amor para dar a ele mais tônus e vitalidade, movimento e criatividade. É extremamente interessante a sensação adquirida com o parceiro durante o ato sexual. As mulheres se beneficiam e se tornam capazes de fazer vários movimentos sensuais no pênis do seu amado. Aprenda a usar o seu poder de sedução para encantar ainda mais o seu parceiro.

Benefícios para as praticantes:

- Os acessórios para o pompoarismo são indicados para o uso suplementar aos exercícios de contrações do assoalho pélvico (pompoarismo ou Kegel);
- Mulheres que praticam ativamente os exercícios têm conseguido recuperar a força do assoalho pélvico após o parto e/ou cirurgia pélvica; corrigir vazamento urinário; e reduzir a desagradável sensação de urgência na bexiga;

- Dota a mulher de uma saúde íntima invejável e aumenta a sensibilidade vaginal, melhorando o desempenho sexual;
- A mulher consegue, inclusive, executar movimentos especiais no ato sexual: sugar, massagear, expelir, chupitar e guilhotinar o pênis do seu parceiro;
- Amplia a capacidade da mulher de chegar ao orgasmo;
- É excelente para regularizar os hormônios, pois ativa a circulação da área trabalhada, conservando por mais tempo a juventude;
- Aumenta a autoestima, devido à sua técnica de sedução;
- Evita doenças e cirurgias desnecessárias (queda de bexiga e/ou útero, incontinência urinária, etc). Há um grupo de risco para o enfraquecimento do períneo composto por grávidas e pessoas com peso elevado, que entraram na menopausa ou na terceira idade. Não hesite em tirar dúvidas sobre o assunto com o ginecologista ou profissional da área.

Preparativos para o treino:
- Crie um espaço erótico e sensual para se sentir o mais à vontade possível;
- Se preferir, deixe o local a meia-luz ou iluminado por velas. Esse é um momento importante e muito pessoal;
- Esteja pronta para se entregar sinceramente aos exercícios;
- No início, realize-os sem músicas para maior concentração;
- Reserve pelo menos 20 minutos para isso.

Passo a passo dos exercícios do pompoar: Fortalecendo sua musculatura do amor

Acessórios necessários:
- Cones vaginais
- Bolas Ben-wa
- Vibrador
- Lubrificante à base de água

O pompoarismo traz múltiplas melhorias para sua vida como um todo, especialmente na arte de amar e ser amado. Essa técnica, de origem oriental, trabalha o fortalecimento e as coordenações dos anéis vaginais. Temos em torno de 15 pequenos anéis.

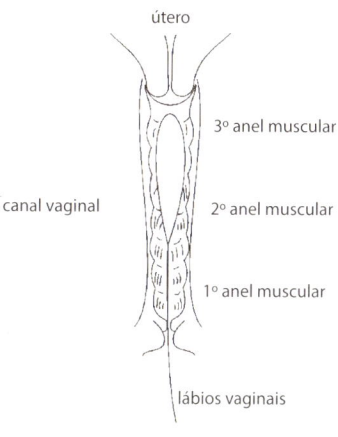

No pompoar dividimos em três principais: o anel da entrada; o do meio, que segura a urina e move o clitóris sutilmente; e um que fica próximo ao colo do útero. Você sente a musculatura toda presa quando eles estão pressionados. Vamos aprender a trabalhar essa região por meio da musculação sexual? Está pronta?

A maioria das mulheres sente bastante dificuldade em ter prazer somente com a penetração, visto que não faz parte da nossa cultura trabalhar a estimulação interna. Muitas têm dificuldade em colocar os acessórios dentro do canal vaginal porque não conseguem introduzir os dedos devido à ausência de intimidade com o próprio corpo. A parte interna fica adormecida, daí a importância de buscar se exercitar. Só o ato de fazer os exercícios já provoca excitação e aumento da sensibilidade e da intimidade.

Treinando com os Cones Vaginais

Você usará cada cone conforme o peso durante 30 dias. Se você usar pelo menos três vezes por semana, no período de um mês, poderá passar para o peso seguinte.

1º - Cone Rosa - 20 gramas
2º - Cone Amarelo - 32 gramas
3º - Cone Bege - 45 gramas
4º - Cone Verde - 57 gramas
5º - Cone Azul - 70 gramas

Como fazer:

- Deitada de barriga para cima, introduza o cone (o rosa primeiro), lubrificado, com o dedo indicador todo dentro do canal;
- Em seguida, contraia o músculo como se estivesse segurando para não fazer xixi (pode vir apertando na sequência: primeiro, segundo e terceiro anel). Você sentirá sua musculatura toda presa;
- Conte até cinco e relaxe;
- O tempo de exercícios é cinco minutos, repetidos três vezes por semana;
- Trabalhe a respiração profunda durante os exercícios. Ao contrair o músculo, inspire. Expire quando estiver relaxando a musculatura. Quanto mais respiramos profundamente, mais fortemente entramos em contato com nossa energia sexual;
- O cone azul (70 gramas) é o último peso (siga a sequência acima). Você permanecerá nesse cone;
- A musculatura carece de manutenção, por isso, quando chegar ao cone azul, você não voltará mais aos anteriores.

Abaixo, as melhores posições para usar os pesos:

Treinando com as Bolas Ben-wa

Você usará sua bola também três vezes por semana, podendo ser em seguida ao cone ou em outro momento. Os exercícios com a bola podem ser feitos em qualquer   posição: sentada, deitada, em pé, de cócoras, dentre outras que a deixem confortável.

Como fazer:
- Introduza as duas bolinhas lubrificadas dentro do canal vaginal;
- Em seguida, contraia o músculo como se estivesse segurando para não fazer xixi (pode vir apertando na sequência: primeiro, segundo e terceiro anel). Você sentirá sua musculatura toda presa;
- Conte até cinco e relaxe;
- O tempo de exercícios é cinco minutos, repetidos três vezes por semana;
- Reforço a importância da respiração durante os exercícios. Ao contrair o músculo, inspire. Expire quando estiver relaxando;
- É importante lavar com bastante sabão neutro os acessórios antes de utilizá-los;
- Não ultrapasse mais de uma hora com a bola no canal vaginal. Pode causar dor e desconforto. Afinal, a bola tem peso.

Dica:
Você pode usar as bolas ben-wa enquanto assiste a um filme, a uma novela, lendo um livro, tomando banho, fazendo um delicioso jantar, caminhando na praia, pode até ir a uma festinha. O único efeito colateral é que pode estimular pequenos orgasmos.

Treinando com o Vibrador/Personal

O vibrador, também chamado de *personal*, é um importante acessório no treinamento de pompoar. Recomenda-se seu uso três vezes por semana. Pode ser em seguida dos outros acessórios. O *personal* tem o objetivo de trabalhar a coordenação motora do músculo, ou seja, com a prática, você dominará melhor o movimento (expulsar e sugar) e poderá fazê-lo durante o ato sexual.

Como fazer:

- Sugiro que, no início do treino, você faça na posição deitada de barriga para cima;
- Em seguida, introduza a metade do vibrador/*personal* no canal vaginal – contraia o "músculo do xixi" e, ao mesmo tempo, empurre com as mãos, em sentido contrário, para entrar – (você ainda não tem força para sugar o vibrador só com a musculatura). Depois, expulse o vibrador com a musculatura;
- O tempo de exercícios é cinco minutos;
- Faça três vezes por semana;
- Valorize a respiração profunda durante os exercícios. Inspire e expire calmamente.
- É importante lavar com bastante sabão neutro os acessórios antes de utilizá-los.

Dica:

Convide o parceiro para apreciar o treinamento, pode ser um jogo muito erótico. Ele pode também auxiliá-la a colocar os acessórios. Será muito bom, não?!

Cuidados importantes:

- Relaxe um minuto entre a troca de um acessório e outro;
- Treino mínimo: três vezes por semana;
- Você pode sentir dor na musculatura após os exercícios. Isso é natural, pois os acessórios possuem pesos. Entretanto, não ultrapasse o tempo sugerido;
- Caso não consiga usar os três acessórios no mesmo dia, use pelo menos um. Cada um tem sua função e, aos poucos, você perceberá a diferença na musculatura.

Recomendações

- Não utilize os acessórios se estiver menstruada;
- Em caso de suspeita de gravidez, suspenda o uso. Comunique imediatamente ao seu médico. A insistência pode provocar o aborto;
- Lubrifique os acessórios com lubrificante à base de água antes de introduzi-los no canal vaginal;
- Lave as mãos e os acessórios com água e sabão neutro, enxague e seque;
- Pode passar álcool em gel nas mãos, mas não utilize esse produto todos os dias nos acessórios. Pode danificá-los;
- Não ferva e não coloque em autoclave.

Importante

Caso a corda dos acessórios se solte, sente-se no vaso ou fique de cócoras. Faça movimentos de expulsão com a musculatura. Não se desespere, o acessório sairá.

Pompoar: os benefícios para a mulher e o casal

Agora que você já se familiarizou com as técnicas do treinamento do pompoar, lembramos os benefícios que essa prática traz para a mulher em todos os aspectos. Trata-se de uma atividade que tem reflexos não apenas na vida sexual, mas na saúde e também nos aspectos emocional e psicológico.

Ao perceber os resultados dos treinos no seu corpo, você passa a ter mais autoconfiança, a sentir-se melhor consigo mesma e a criar uma atmosfera de prazer e bem-estar. Esses sentimentos geram impactos em todos os setores de sua vida.

Uma pessoa feliz e de bem consigo mesma tem uma vida amorosa mais agradável, com mais intimidade e companheirismo, melhora o desempenho na vida profissional e torna-se mais agradável no convívio social com outras pessoas. Confira outros benefícios do pompoar:

- Desperta a libido e aumenta o prazer sexual do casal;

- Após 30 dias de treino, você sentirá grande diferença no seu desejo sexual;
- Melhora a autoestima e a autoconfiança da mulher;
- Protege a região pélvica do afrouxamento muscular;
- Proporciona mais energia para o dia a dia, além de mais disposição para o ato sexual;
- Controla os músculos circunvaginais, movimentando-os de forma sensual no pênis do parceiro, levando-o a momentos de intenso prazer;
- Amplia seus orgasmos e também a torna uma mulher multiorgástica;
- Aumenta a lubrificação do canal vaginal;
- Na gestação, com a musculatura mais forte, ela oferece maior apoio ao útero, reduzindo a pressão sobre a bexiga e diminuindo as dores lombares tão comuns às gestantes, especialmente nos últimos meses da gravidez;
- Ajuda a prevenir a atrofia vaginal, que é o estreitamento, ressecamento e a perda da elasticidade das paredes da vagina e ao redor da vulva. Cientistas afirmam que os lubrificantes produzidos durante a atividade sexual mantêm a umidade e a saúde vaginal.

Existem casas de shows espalhadas pelo mundo nas quais as mulheres utilizam essas técnicas para encantar seus clientes. Elas fumam pelo canal vaginal, escrevem nomes dos seus parceiros, soltam flores, fazem show de chafariz, soltam bolas e pérolas, tocam instrumentos, dentre outros. Diversos filmes já abordaram essas peripécias maravilhosas que as mulheres conseguem fazer.

Você conseguirá! Com tempo de treino, você conseguirá fazer maravilhas por meio do canal vaginal: soltar frutas na boca do parceiro, massagear o pênis dele, apertar o pênis, simular a virgindade, contrair os anéis separadamente no pênis durante o ato sexual, podendo levar o parceiro a um orgasmo combo. Pode ter certeza, ele ficará impressionado com os movimentos e não esquecerá por um bom tempo.

Dica:

Faça isso em momentos especiais, não o faça com muita frequência. Esse é um grande instrumento sedução. E mais: não faça esses movimentos naquele homem que você não tenha certeza de que o queira aos seus pés. Porque ele assim ficará.

Se conhecer as técnicas e seus benefícios ainda não foi suficiente para que você se convença a experimentar o pompoar, confira alguns depoimentos de mulheres que testaram e aprovaram. São mulheres comuns, como eu e você, que decidiram se conhecer melhor e elevar sua qualidade de vida. Todas elas realizaram cursos e continuam praticando em casa.

Depoimentos de alunas:

"Minha vida sexual mudou muito. Tive sensações deliciosas, maravilhosas, esplêndidas, que nunca havia experimentado. Só quando você trabalha essa musculatura percebe o poder que pode ter na cama". – J. A. L., 40 anos, empresária.

"Queria apenas me conhecer, pois nunca tinha sentido um orgasmo e achei que esse era um dos caminhos. E realmente foi! Passei meses em treinamento, dei total importância para o que buscava. Descobri pontos em meu corpo que não conhecia. No início, sentia dificuldade. Agora, só prazer". – G. C., 29 anos, arquiteta.

Flaviane fala:

Em um dos meus projetos de pesquisa, realizado durante um ano e meio, com 25 mulheres entre 20 a 60 anos, observei que somente oito confessaram que sentiam orgasmos. Uma parte delas fingia e a outra não tinha certeza se havia chegado alguma vez. Isso significa que precisamos e devemos nos conhecer melhor. A falta de descarga orgástica dificulta a liberação da tensão sexual acumulada e torna a mulher mais irritadiça e de relacionamento interpessoal mais difícil. Trabalhe seu corpo. Você ficará com sua excitação mais aflorada e, sem dúvida, terá mais vontade de estar com o parceiro. Ter relações sem vontade não é nada bom, principalmente quando isso se torna um processo contínuo. Por isso, nunca vá para a cama sem vontade. Uma relação sexual por obrigação não tem como ser prazerosa. Aprendemos que devemos sempre deixar nossos parceiros com o sexo em dia. O mais importante é que os dois precisam querer sentir e dar prazer, porque o sexo não é uma via de mão única, só para o benefício do homem. Entre no jogo erótico apenas quando sentir desejo. Isso já é um passo para obter prazer. Recuse a penetração se não estiver lubrificada e prontinha para o momento. Você perceberá o quanto se excitar será importante para você e seu parceiro. Uma boa sugestão: faça uma visita a um sex shop. Existem acessórios maravilhosos que podem intensificar muito a relação sexual. Sempre sugiro para as alunas comprarem alguns produtos básicos, aqueles de cabeceira de cama: lubrificante à base de água, lubrificante com sabor para fazer o sexo oral, óleo ou loção para massagem corporal, anel peniano que vibra, vibrador (há dos mais discretos aos mais avançados). Agora é com você! Importa salientar que esses produtos não irão substituir um sexo apaixonado e muito menos o parceiro. É apenas para incrementar o dia a dia.

Despertando sua sensualidade Parte 4

Toques que farão diferença

Entre os cinco sentidos que nós temos, o tato é um dos que auxiliam grandemente no processo de excitação. Como já falamos, ao contrário dos homens, não fomos educadas para o toque. Ao contrário! Na nossa sociedade, fomos ensinadas desde pequenas que isso é "feio", "errado", "sujo", entre outras coisas. São questões culturais que precisamos desconstruir aos poucos. Afinal, como vamos ensinar aos nossos parceiros como e onde queremos ser tocadas se nem nós soubermos?

O ideal é que o homem toque a parceira com a mão lubrificada, não indo direto ao ponto, mas fazendo várias carícias na mulher antes de penetrá-la. O toque do parceiro pode desencadear uma sensação maravilhosa. A mulher começa a se lubrificar 30 segundos após receber um estímulo mental ou físico. Esse processo é extremamente individual e não pode ser comparado com o de outra. Tudo depende do ciclo menstrual, hidratação, medicamentos e menopausa.

Os fluidos femininos estão caracterizados em três etapas. O primeiro se chama ciprina e aparece muito rápido, quando a mulher começa a se estimular. Sua função é lubrificar o canal vaginal. Você pode senti-lo quando introduz o dedo na vagina ou passando a mão sobre a calcinha. O segundo fluido surge no momento do orgasmo, podendo ser em maior quantidade. Já o terceiro pode, literalmente, jorrar em decorrência do estímulo no Ponto G. Contudo, esse acontecimento é muito raro e a mulher pode ejacular no momento do orgasmo, assim como o homem.

Entretanto, isso varia muito e depende do organismo de cada uma. O líquido é diferente do masculino: é claro e sem cheiro. Algumas mulheres têm glândulas extras que produzem o líquido, que é diferente de um corrimento. Nem toda mulher ejacula e isso é absolutamente normal.

Após os exercícios indicados, seu canal fica mais sensível. O toque sugerido na figura abaixo pode provocar sensações agridoces na mulher, então, não deixe de testá-lo. Mostre-o para seu parceiro!

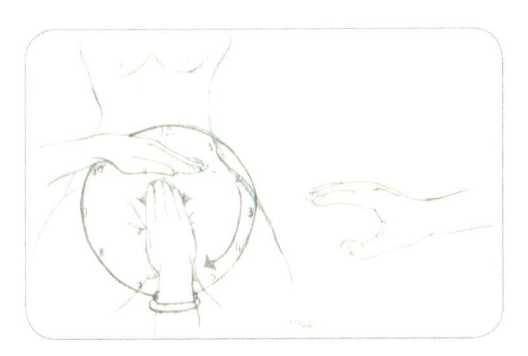

Como fazer:
- Deixe sua parceira numa posição confortável;
- Lubrifique as mãos para não causar atrito desconfortável;
- Relaxe sua parceira para apreciação completa do toque;
- Forme uma "conchinha" com sua mão e toque a parede do ca-

nal vaginal no sentido horário e depois anti-horário;

• Faça sem pressa, não tenho dúvidas de que ela irá à loucura!

Despertando sua sensualidade
Parte 5

Explorando o Ponto G e o Ponto U

Seu corpo possui inúmeros pontos que podem lhe transmitir sensações agradáveis e de prazer. Sinta-se como uma aventureira que viaja a lugares desconhecidos para explorar e adquirir novos conhecimentos. Na nossa história, o local a ser desvendado é o seu corpo! Conhecendo-se bem, você terá domínio sobre cada parte do seu corpo e saberá exatamente o que ela pode fazer por você.

Aprenda a explorar seus pontos eróticos, dentre eles o Ponto G, que é uma pequena região localizada na parede superior do canal vaginal, a cerca de três a cinco centímetros de profundidade. Quando estimulada corretamente, essa área se dilata, tornando-se firme, diferente de todos os outros pontos do canal vaginal, levando muitas mulheres a experimentarem orgasmos arrebatadores.

Você também pode praticar essa estimulação sozinha, utilizando um vibrador que tenha uma ponta acentuada para estimular esse ponto. Esse toque pode levar muitas mulheres a alcançar a ejaculação feminina, que é a liberação de um líquido claro, diferente da urina ou da lubrificação, surgindo também em quantidade bem significativa. Você pode fazer sozinha com um vibrador ou acompanhada do seu parceiro.

O Ponto U é mais um que está à sua disposição para ser explorado. Com criatividade e carinho, você expande para mais um ponto em seu corpo que pode lhe trazer ótimas sensações! Após aprender como, onde e de que jeito gosta de ser tocada, não há dúvida de que seu corpo responderá mais aos estímulos. Assim, é completamente possível apreciar mais o sabor de algumas horas de amor com o seu parceiro.

Relaxe e aprecie esse momento. Sinta o calor e as virtudes dos dedos, aprecie cada pontinho que está sendo explorado. Respire profundamente. Dessa forma, você estimulará todo seu corpo, alinhando sua energia para alcançar seu potencial orgástico. Sugiro que faça respirações profundas durante o toque.

Como fazer:

- Deixe sua parceira numa posição confortável;
- Lubrifique as mãos para não causar atrito desconfortável;
- Relaxe sua parceira para apreciação completa do toque;
- Faça uma massagem em movimentos circulares sobre o osso púbico;
- Faça movimento de "psiu" dentro do canal vaginal;
- Faça massagens simultâneas no clitóris, no Ponto U e ao redor da vulva. Sinta-se merecedora e goze a vida com intensidade. Faz bem para a mente, para o corpo e para a alma.

Flaviane fala:

Muitos profissionais negam a existência do Ponto G e da ejaculação feminina. Os antigos textos tântricos, contudo, já mencionavam a existência, há milhares de anos, do fenômeno da ejaculação feminina. Eu sou uma admiradora desse toque. Muitas mulheres relatam em meu estúdio sobre o prazer que sentem ao serem estimuladas nesses pontos. Chegando à ejaculação ou não, o toque é extremante prazeroso para muitas mulheres.

Dicas para o dia a dia das mulheres:

- *Use o vibrador sozinha. Não se sinta culpada; o corpo é seu e você pode – e deve – explorá-lo. O vibrador não substitui um homem, mas o homem também não substituirá a sensação maravilhosa do vibrador. Então, permita-se!*
- *Rebole bastante na hora do banho, seus movimentos ficarão mais leves durante o ato sexual. Mexa esse quadril!*

- *Lembre-se da importância de cuidar da parte interna, assim como você cuida da externa.*
- *Durante o ato sexual, contraia a musculatura, você vai sentir sensações maravilhosas. Tente!*
- *Pense em sexo: é isso mesmo! Quanto mais você pensar, mais sentirá vontade de fazer. Eduque o seu cérebro. Leia matérias, livros sobre o assunto, assista a filmes. É um grande remédio para a baixa da libido.*
- *Sexo não se nasce sabendo, aprenda com seu corpo, ele é um mapa do tesouro!*
- *Compartilhe sua intimidade. Isso faz com que você se aproxime do outro. Pode ter certeza: ele terá as informações sobre os cantinhos mais recônditos.*
- *Não focalize sua atenção no orgasmo e sim nas sensações. Uma viagem maravilhosa, cheia de detalhes para apreciar! Mais importante que a chegada é o caminho até lá.*
- *A importância do toque para conhecer a anatomia feminina e masculina faz toda a diferença.*
- *Tome a iniciativa! Mostrar seus desejos pelo parceiro é muito bom e o faz se sentir amado e desejado.*
- *Cuide do seu corpo e tenha uma boa higiene. Mantenha a depilação em dia.*
- *A cada três meses, dê uma renovada nas lingeries. Eles observam, mesmo que não falem!*
- *Use vestidos, saias, meia-calça, lenços coloridos, bijuterias elegantes. Chame atenção! Mas, cuidado com o exagero.*
- *Batom sempre! E o lápis preto também!*
- *Salto alto? É claro! Afinal é muito elegante uma mulher de salto alto.*
- *Cuidado com as calcinhas velhas... Tudo pode acontecer naquele dia em que você se descuida...*
- *Cabelos, unhas e dentes sempre bem-cuidados.*
- *Evite discutir sobre o passado, viva o presente e planejem o futuro juntos.*
- *Desperte todos os sentidos: cheiro, tato, olfato... Cada dia dê foco para um deles. Planeje um jantar, um passeio, uma noite no hotel, na praia, num jardim, ou naquele dia chuvoso... Aproveite todos os momentos; eles são únicos! Temos apenas uma oportunidade para apreciar, aproveitar e ser cada vez mais felizes!*

- *Seja cúmplice de seu parceiro. Dê espaço para que ele fale sobre suas fantasias e desejos. Seja uma mulher de mente aberta, capaz de discutir assuntos sem colocar em pauta a moralidade.*

- *Quando brigar com seu parceiro, não o coloque para fora de casa, tente resolver as diferenças do lado de dentro. Mantenha a porta fechada!*

- *Não deixe de tocar, abraçar e dizer que ama. Se você teve uma educação repressiva, não sinta vergonha de mostrar seu corpo para o parceiro. Os homens gostam de mulheres carinhosas e autoconfiantes.*

- *Preste mais atenção no outro, em suas reações, sobretudo não economize nos elogios. Fomos criados, na maioria das vezes, sob o viés da desqualificação e da desvalorização. É necessário aprender a apreciar quem está ao seu lado. Então, evidencie os pontos fortes do parceiro. Precisamos disso: amar e ser amado!*

Flaviane fala:

Já atendi muitas mulheres em meu estúdio. Solteiras, casadas, enroladas, amantes e profissionais do sexo. A experiência é fantástica, um verdadeiro laboratório. Por trás de cada atendimento, registro as histórias mais simples e as que ainda chamam minha atenção. Destaco alguns detalhes. Tenho alunas que não são tão belas fisicamente, mas que arrasam entre quatro paredes; e muitas delas têm vários parceiros, visto que eles buscam nelas o que elas apresentam de melhor: a falta de vergonha. É isso mesmo: não têm vergonha de pedir e muito menos de fazer algo mais picante com eles. E elas se consideram maravilhosas, poderosas e sexys. Percebeu o segredo? Também tenho aquelas alunas que sentem vergonha de fazer sexo oral, não têm coragem de ter relação com a luz acesa, não costumam usar lingerie mais sensual e tampouco sabem se chegaram ao clímax. Você acha que esse percentual é baixo? Engana-se quem assim pensa. Essas mulheres têm entre 20 e 60 anos e são muitas! Cabe mencionar aquelas que se descobriram após términos de relacionamentos. Há muitos parceiros que não somam em nada na vida sexual da mulher, pelo contrário! São relacionamentos cancerígenos, extremante egoístas, indivíduos que nunca fizeram questão de se tornar um grande homem. Resultado? Elas estão mais conscientes e mais fortes para sair desse tipo de relacionamento. O homem deve somar e não subtrair. Ele precisa aprender a degustar o corpo da mulher e não apenas penetrá-la. Isso não funciona para nós, certo? Tenho ainda um grupo expressivo de alunas que são profissionais do sexo. Elas procuram aprimorar suas técnicas e aprender a arte da sensualidade para seduzir seus clientes, que, diga-se de passagem, são 90% homens casados, que vão buscar o diferente ou algo que não aprendemos em nossa educação.

Despertando sua sensualidade Parte 6

Causas que podem afetar os orgasmos

Uma série de fatores fisiológicos e psicológicos pode dificultar ou impedir o orgasmo. Não obstante, é muito comum que o desejo sexual sofra diminuição, de forma passageira em alguns casos e, em outros, de forma progressiva. A saúde mental, estresse, depressão, problemas no relacionamento, álcool, sono desregulado, medicamentos, menopausa, vaginismo (contrações dolorosas e involuntárias dos músculos vaginais), desequilíbrio hormonal, distúrbios do sistema nervoso, inflamações ou lesões genitais, ansiedade por um bom desempenho sexual estão entre algumas causas de problemas.

Além disso, problemas de origem emocional, como ressentimentos, conflitos conjugais, medo, falta de atração sexual ou afetiva, timidez, culpa, medo da gravidez, preocupação em atingir o orgasmo, ausência de sentimento ou de amor também atrapalham a conquista do orgasmo. É extremamente importante que, enfrentando essas situações, você identifique algumas das causas citadas acima e busque o acompanhamento de um profissional especializado.

Capítulo II

Abrindo-se para o outro: o toque através da massagem erótica

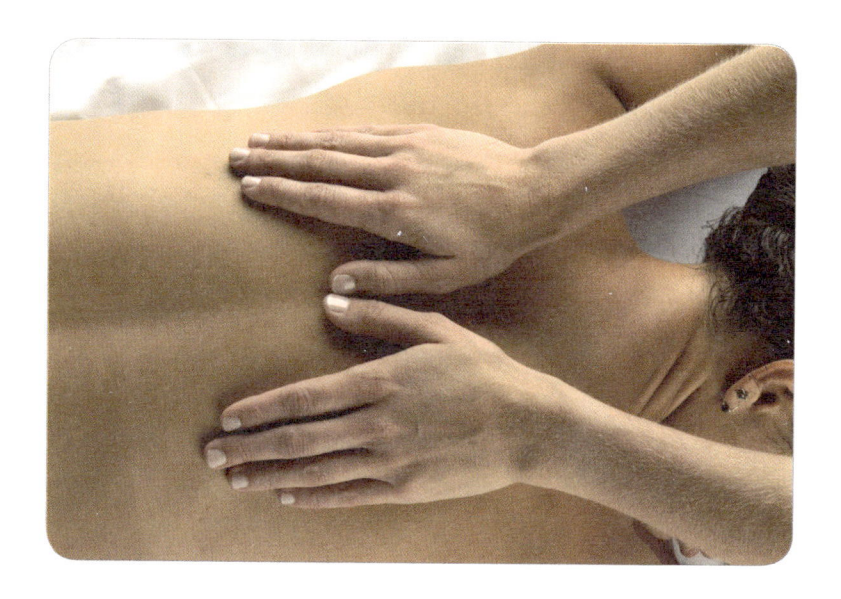

Massagem é a manipulação sistemática de tecidos do corpo. A história da massagem é tão antiga quanto a do homem. Essa técnica foi desenvolvida através dos milênios até o sistema de massagens que conhecemos hoje. A maioria das culturas antigas praticava algum tipo de toque terapêutico, cujos métodos de tratamento incluíam ervas, óleos e formas primitivas.

Estudos arqueológicos indicam que já na pré-história o homem promovia o bem-estar geral e adquiria proteção contra lesões e infecções por meio de fricções no corpo. Seriam os primórdios do que hoje se entende por massagem. Há registros de que civilizações da antiguidade, como egípcios, hindus, gregos, romanos, chineses e japoneses, cerca de 300 anos antes de Cristo, fizeram referências sobre os benefícios da massagem para o bem-estar.

Ela explora ao máximo os diferentes tipos de toque e tem papel essencial na arte da sedução. Você pode usar as mãos, o seu corpo e uma infinidade de apetrechos para compor seu ritual. Certamente é uma abordagem dinâmica e sutil, uma comunicação entre corpos.

A massagem sensual é um processo de descoberta, aumentando a confiança e a intimidade do casal, colaborando para ampliar o conhecimento sobre o corpo do parceiro. O segredo maior é agregar tempo, fazer sem pressa, apreciar a resposta corporal.

A sexualidade é composta também pelas esferas emocional, física e mental. Quem trata a sexualidade como um ato isolado e estritamente físico, limitando-a ao órgão sexual, está muito equivocado. Somos um conjunto que, quando explorado como um todo, permite fazermos uma viagem ao encontro do prazer.

O segredo de uma boa massagem é combinar carícias diferentes em diversos contatos sexuais entre os amantes. Antes de qualquer massagem, é necessário preparar o ambiente, criando uma atmosfera aconchegante com os produtos a serem utilizados. Vale observar desde o material, como óleos, loções, talcos, loções efervescentes, incensos, aromatizador de ambientes, como também compor um cenário interessante, acrescentando comidas e bebidas convenientes.

A massagem pode ser realizada no chão, na cama, em espreguiçadeiras, almofadas ou sofás; porém, para ficar confortável, é indispensável um espaço onde vocês possam se movimentar. Com a prática, vocês aprenderão a apreciar e relaxar durante a massagem. Importa expor que, quando a parceiro estiver realizando a massagem, é imprescindível se movimentar em várias posições, mantendo sempre o ritmo dos movimentos e o contato visual.

Para iniciar o ritual da massagem é necessário aplicar o produto na palma da mão e esfregar. Esquente-as primeiro, depois você pode tocá-lo. A comunicação é importante: note as reações do parceiro, se ele está se satisfazendo na parte do corpo onde está sendo tocado. Em caso positivo, explore as fantasias eróticas. Talvez queira criar um cenário para brincar mais com a imaginação... Seja livre!

Não há nada mais sexy do que ambos brincarem com os corpos! Há quanto tempo não aproveita o prazer desse contato físico? Tenho certeza de que, no início do relacionamento, você se arriscava mais vezes a fazê-lo. Por que deixamos essa prática pelo meio do caminho? Recupere-a! Traga essas sensações maravilhosas à tona. Reviva o passado com um toque de magia do presente.

Observe a figura abaixo:

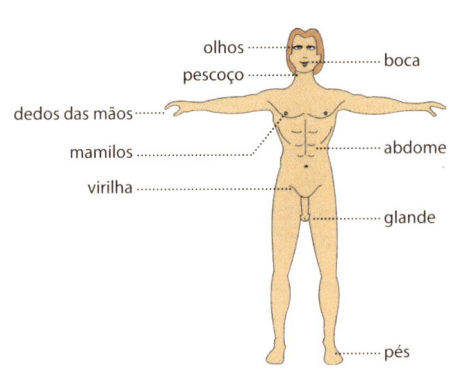

ZONAS ERÓGENAS MASCULINAS

olhos
pescoço
boca
dedos das mãos
mamilos
abdome
virilha
glande
pés

Tanto no homem como na mulher é absolutamente divertido e importante fazer toda uma provocação. Por exemplo, não toque diretamente no pênis, apenas brinque nas áreas em volta. Há um conjunto de informação a ser explorado, então, agregue um pouco de tempo.

Crie seus próprios movimentos, comece com os toques mais lentos e depois aumente o ritmo. Também é bom ter um lubrificante sempre por perto. Caso não tenha, use a saliva, toda essa região mais íntima é muito sensível.

Aprenda o que ele gosta. Você pode passar momentos investigando os diferentes tipos de toque que levam seu parceiro ao êxtase, pode fazer movimentos curtos, longos, com pouca ou muita pressão, usando só as pontas dos dedos, palma da mão, dentre outros.

Preparativos do ambiente para uma massagem erótica:

- Escolha uma lingerie que a valorize – sinta-se maravilhosa!
- Avise o parceiro da surpresa para ele entrar no clima e a surpreendida não ser você.
- Um dia antes, comece a enviar frases eróticas dizendo que contratou uma massagista (você pode criar uma personagem também no dia da massagem).
- Prepare o ambiente com velas ou pouca luz.
- Tenha sempre óleos de massagens, óleos para sexo oral e outros brinquedos que deseja explorar.
- Decore o ambiente com pétalas, velas, frutas, cheiros e bebidas de sua preferência.
- Tome um copo de água antes – você vai explorar muitos pontos eróticos e precisa salivar bastante.
- Coloque uma música agradável.
- E curta cada segundo!

Quando começamos uma ligação sexual sem que tenhamos criado um ambiente físico e psicológico, geralmente alcançamos apenas o físico, mas emocionalmente continuamos apartados.

Como fazer: passo-a-passo da massagem erótica

- Reserve pelo menos uma hora para esse momento especial.
- Certifique-se que a temperatura do ambiente esteja confortável.
- Quando o parceiro chegar ao local, é muito importante que já esteja decorado. Trabalhe o visual.

- Convide-o para deitar. Coloque seu parceiro deitado de costas, de preferência nu. Certifique-se de que ele esteja aconchegado de bruços e procure sentar entre as pernas dele, pois a massagem iniciará pelos pés.
- Lubrifique suas mãos com óleo/loção de massagem. Esfregue-o nas mãos para esquentá-lo antes de tocar seu parceiro.
- Comece pelos pés, repetindo o mesmo toque pelo menos três vezes. Isso é uma regra. Apoie um dos pés do parceiro na sua mão, enquanto a outra massageia o outro pé.
- Depois, avance para as panturrilhas. Coloque suas mãos na parte interna de cada uma, com pouca pressão. Faça os movimentos de dentro para fora.
- Ao tocar a parte externa, erotize o toque com as pontas dos dedos.
- Coloque o óleo que esquenta atrás dos joelhos, solte o ar e lamba numa única direção, de baixo para cima, até tirar todo o produto.
- Em seguida, faça uma massagem nas coxas da mesma forma que fez nas panturrilhas.
- Posteriormente, passe o óleo que esquenta na linha entre o bumbum e as coxas, solte o ar e lamba até tirar todo o produto.
- Passe o óleo de massagem no bumbum, tocando de dentro para fora.
- Depois passe o óleo que esquenta em toda a coluna, com pouca pressão, solte o ar e lamba, numa única direção, de baixo para cima, até tirar todo o produto.
- Depois passe o óleo de massagem nas costas e acaricie o corpo do parceiro com o seu corpo.
- Fale frases eróticas no decorrer da massagem.
- Vire o parceiro de barriga para cima e volte para os pés, reiniciando a massagem.
- Passe o óleo de massagem nas mãos e toque os pés do parceiro. Não passe o óleo nos dedos dele.
- Em seguida passe o óleo que esquenta nos dedos dos pés. Solte o ar e chupe o dedão (não force a situação, caso o parceiro tenha sensibilidade).

- Depois, passe o óleo de massagem nas mãos e toque nas panturrilhas, de dentro para fora.
- O segundo ponto erótico são os joelhos, então, passe o óleo que esquenta nos joelhos e faça lambidas longas.
- Após o toque nos joelhos, lubrifique as mãos com o óleo de massagem e faça os movimentos de dentro para fora.
- Não toque no pênis ainda, faça todo um suspense!
- Para terminar os pontos eróticos na parte da frente, coloque o óleo que esquenta no umbigo e nos dois mamilos. Solte o ar e lamba.
- Para finalizar, lubrifique as mãos, toque em toda a barriga até nos ombros e desça com as pontas dos dedos.
- Coloque as mãos do parceiro viradas para cima, passe o óleo que esquenta nas palmas das mãos e lamba. Chupe os dedos ao lado do pênis. Simule um sexo oral
- Feche com aquele delicioso sexo oral no pênis do parceiro.

Flaviane fala:

Muitas alunas relatam que os parceiros não têm paciência para esses momentos e, de fato, concordo com elas. Os homens ocidentais são muito pobres na arte da sensualidade. O mais importante é você dar o primeiro passo – educá-los para agregar tempo. Mostre o quanto esse momento está sendo especial para você. Quanto mais vocês estiverem conectando seus sentidos, maior será a intimidade para o amor. Infelizmente, nossa cultura tende a limitar a sensualidade. Aprendemos a usar pouco do nosso potencial. Fazemos sexo por fazer. Não temos o hábito de criar ritual para o amor, e muito menos aprender a arte de amar e ser amado. A partir de agora, quando fizer amor com seu parceiro, note a expressão facial, os movimentos, saboreie cada toque, cada experiência, respire profundamente e sinta a energia correndo pelo seu corpo, sinta seu coração. Vamos agregar tempo. Nosso corpo, nossa alma e nosso prazer agradecem. Estabeleça contato visual com seu parceiro, expressando seus sentimentos íntimos e seu amor através do olhar.

Massageando apenas com os corpos:
- Proteja sua cama ou o chão com toalhas ou lençol – porque tudo ficará muito lambuzado!
- Esfregue óleos nos corpos nus, cobrindo toda a superfície. Passe em você e no parceiro.
- Essa massagem pode ser feita com os parceiros de olhos vendados.
- Deitem-se um sobre o outro e deixem seus corpos escorregarem.
- Mexam-se do jeito que fique gostoso para os dois.
- Rolem por cima, por baixo do outro, torçam seus corpos e escorreguem.
- Comece pelo pé do seu parceiro e escorregue devagar até cobrir o corpo dele.

Essa é uma massagem íntima e muito divertida, que aumentará o erotismo da sua relação sexual. Prolonga o tempo das carícias preliminares e o tempo de ereção masculina, resultando no aumento da duração da relação sexual. A mulher que recebe uma massagem do seu parceiro fica mais excitada e lubrificada para o ato sexual e obtém orgasmos mais intensos e prolongados. Vale a pena tentar!

Dicas quentes:
- A hora do banho é um momento ideal para explorar, brincar e conhecer o corpo do outro.
- Uma massagem nos pés pode ser maravilhosa, é uma das regiões que merece ser tocada, como também ganhar aquela chupada nos dedos. Portanto, antes de praticar esse ato, dê uma sessão de carinho, esfoliando, limpando e lixando as unhas. Ele vai adorar!
- Faça massagens nos pés, nos ombros e nas costas do parceiro utilizando um produto que evite o atrito ou até mesmo o esfolamento da pele. Faça pequenas massagens uma vez por semana. Ele ficará louco para ir para casa!
- Deite seu parceiro de barriga para cima, fique ajoelhada entre as

pernas dele. Coloque suas mãos sobre a virilha, fazendo pouca pressão. Em seguida, convide o parceiro a mover a pélvis para cima e para baixo, respirando fundo, sentindo o estímulo da sua mão enquanto você pressiona.

- Beijos saborosos. Sexo e chocolate, chantili, bebidas e frutas podem ser sinônimos. Você pode usar o chocolate, como o chantili, para pintar ou desenhar algo provocante no corpo do seu parceiro ou em você mesma. Passe frutas nesses locais e se delicie. Será um banquete maravilhoso!

- Utilize acessórios no decorrer da massagem, experimente técnicas de amarrar, vendar, algemar, dentre outras.

- Sentem-se bem juntinhos na cama ou no tapete, um de frente para o outro, braços e pernas entrelaçados um no outro. Devagar balance para frente e para trás. Encostem os rostos e deixem seguir o balanço. Contraia ao mesmo tempo o músculo do assoalho pélvico. Tente sincronizar a respiração. Faça isso durante alguns minutos.

- Deitem de costas, cabeças de lados opostos, as nádegas quase se tocando, cada um coloca os pés sobre o outro. Um de cada vez, levante a pélvis contraindo o músculo do amor. Faça isso dez vezes.

- Você pode colocar o parceiro sentado na cadeira, algemá-lo e vendá-lo. Coloque uma música e dance na frente dele. Em seguida, toque o corpo do parceiro. Deixe-o implorar para você parar! Experimente!

Depoimentos de alunas:

"Aprendi a agregar tempo no meu relacionamento. Não havia percebido o quanto estava distante do meu parceiro. O trabalho, a casa e os filhos consumiam quase que 90% do nosso tempo e, de fato, o sexo não era algo prioritário, sempre achava que poderia deixar para depois. Resolvi despertar quando uma pessoa pediu que eu abrisse os olhos, porque poderia perder meu marido – uma pessoa muito especial. Fiquei assustada e rapidamente fiz todo um resgate do início do relacionamento e de como nos encontrávamos após nove anos juntos. Busquei trazer meu homem de volta, sentia sua autoestima baixa. Então, me preparei e

comecei a colocar muitas coisas em prática que estava aprendendo, dentre elas a massagem erótica. Como estava próximo ao nosso aniversário de casamento, aluguei um quarto de hotel e solicitei um serviço de decoração de quarto para ficar um momento inesquecível. E, de fato, ficou! Comprei uma bela camisola transparente da cor branca, que ele adorava, para usar naquele momento. Havia tudo no quarto: vinho, frutas, chocolate e, na minha bolsa, um ótimo óleo de massagem para tocar aquele homem dos pés à cabeça. Dois dias antes, avisei que iríamos passar algumas horas juntinhos para comemorar nosso aniversário. Naquele momento, não percebi que ele estava animado, mesmo porque não tinha noção do que viria pela frente. No dia da surpresa eu já estava em casa arrumada esperando por ele, com tudo na bolsa. Pedi que vestisse uma roupa que escolhi e passasse um ótimo perfume e assim ele o fez. No caminho para o hotel, eu disse que havia contratado uma massagista (criei uma personagem chamada Camila) para dar uma deliciosa massagem nele e, de repente, ele abriu aquele sorriso, dizendo que estava adorando a ideia. Quando chegamos no hotel, ficamos surpresos com a decoração, que estava muito sensual. Ele se sentiu maravilhado. Liguei o som, abrimos o vinho, coloquei minha linda camisola branca e transparente e comecei minha sessão de toques. Percebi o quanto ficamos excitados ao ritmo da música e com umas boas taças de vinho. Deitei-o de costas e comecei tocando pelos pés, pernas, nádegas e costas. Depois, tirei minha camisola e toquei o corpo dele com o meu. Foi demais, uma troca de energia maravilhosa... Tivemos orgasmos muito intensos, que estavam em baixa há muito tempo. Adorei a ideia! Não tenho dúvida de que Camila visitará nossa casa pelo menos uma vez ao mês." - (Z. M., 33 anos, professora)

"Recebi uma carta do meu marido pedindo um tempo em nosso relacionamento. Fiquei sem chão, apavorada! Ainda mais com a última frase da carta: 'amo você, mas a rotina está acabando comigo e com o nosso relacionamento; nós nos perdemos nos últimos dois anos. Não suporto mais'. Pronto, as lágrimas desceram e eu, no fundo, sabia que também tinha minha parcela de culpa. Para piorar ainda mais, trabalhamos numa mesma organização na qual meu cargo é superior ao dele e sinto que isso também o afetava. Virou uma salada cheia de agrotóxico, ou seja, falta de sexo e o assunto em casa só era trabalho. Fizemos uma viagem em que ficamos mais de oito horas dentro de um carro sem nos tocarmos e quase não conversamos. Eu estava usando roupas extremante broxantes dentro de casa, ao contrário do início do casamento, quando cozinhava de calcinha fio-dental.

Tive duas escolhas: deixá-lo seguir o seu caminho ou resgatar todo o nosso potencial como um casal cheio de vitalidade. Escolhi a segunda opção. Ainda mais que está difícil encontrar homem que quer compromisso! Precisava de ajuda e busquei. Após duas semanas separados, marcamos um jantar num restaurante para conversarmos sobre nós. Coloquei aquele vestido preto, um bom perfume e uma bela maquiagem para impressionar o meu amado. E, por baixo do vestido, apenas uma pele de seda. Assim foi. Chegamos no horário combinado, sentamos e começamos a conversar. Após uma garrafa de espumante, entre um papo e outro, perguntei se ele poderia me fazer um favor e ele disse que sim. Então, peguei a sua mão e coloquei embaixo do meu vestido, afinal, não existia uma calcinha. Eu perguntei se ele gostava da minha essência — meu cheiro —, em seguida coloquei o dedo dele dentro da sua boca para sentir o meu sabor. Suas bochechas ficaram avermelhadas com tamanha audácia. Percebi que tinha ficado excitado. Naquela noite, permiti apenas esse toque a fim de deixá-lo pensativo quanto ao próximo encontro. E, lógico, o segundo era para dar uma cartada final. Marcamos três dias depois, às 21h, na nossa 'ex-casa'. Fui surpreendida porque ele chegou às 20h. Estava no meio da decoração do quarto, com tudo que tinha direito, inclusive uma lingerie vermelha que ele tanto apreciava na minha pele morena. Vesti minha lingerie rapidamente e o convidei para entrar. Seus olhos não se desviavam do meu corpo, ainda mais com aquele salto alto. Eu o recebi com aquele delicioso abraço e o conduzi em direção ao quarto. Mais uma surpresa: fui tirando a sua roupa e, delicadamente, o coloquei deitado na cama para fazer uma sessão de toques. Usei toda a sensualidade e criatividade, beijei-o dos pés à cabeça. Posteriormente, fiz uma massagem e o lambi nos pontos eróticos. Valorizava meu corpo dando uma boa arrebitada no bumbum e rebolava... Passei bebida no corpo dele e o lambia, chupava seus mamilos e dizia várias frases picantes. Ele me pegou de um jeito! No final, me disse que queria aquela mulher de volta..." - (M.P.C., 41 anos, policial civil)

Capítulo III

Autoprazer a dois:
fortalecendo a intimidade

O segredo molhado

O profundo prazer que você pode dar ao seu parceiro através do sexo oral é intensamente erótico. Felizmente, existem diversos pontos que podem ser estilmulados durante o ato do sexo oral, como nádegas, pélvis, parte interna das coxas, osso púbico, dentre outros. Esses pontos aumentam a circulação do sangue e da energia na região pélvica e nos genitais.

Sua boca pode criar muitas sensações maravilhosas, então, não economize nas carícias! Faça com vontade e seu parceiro vai notar toda a diferença. O sexo oral, para ser bem feito, precisa começar na sua cabeça, ou seja, você precisa imaginar, sonhar e até salivar quando pensar no assunto. A mulher que gosta de sexo oral se excita muito ao realizá-lo. Muitas até se tocam quando o estão praticando.

O sexo oral bem feito enlouquece o homem e o prazer da mulher também é duplicado. Homens gostam que as mulheres elogiem o "melhor amigo" deles. Assim, não poupe elogios e, dependendo do parceiro, você pode rasgar o verbo! O homem fica louco quando a mulher fala que vai possui-lo até ele gozar na sua boca.

Essa prática é indispensável para as preliminares, pode também ser repetida durante várias vezes, isso só depende do desejo de ambos. A sequência e a frequência devem ser espontanêas. Um dia será com mais intensidade, outros dias não. Isso faz parte do tempero. Porém, reflita: uma relação sexual sem sexo oral fica incompleta. Dando como exemplo, é uma comida sem tempero, sem sal. Se você gosta de receber sexo oral, sabe como é importante e deliciosa essa prática.

Sugestão de como fazer:
- Imagine, no decorrer do dia, você fazendo aquele delicioso sexo oral.
- Não tenha pressa! Esse tempo de preliminares deve durar entre três e quinze minutos.
- Dependendo do comprimento do cabelo, prenda-o para ele assistir ao show!
- Deixe a vergonha de lado, olhe para ele com cara de safada!

Lembre-se de que o homem é um ser visual. Olhar o que está fazendo é muito excitante.

- Gostar de fazer e demostrar excitação no que está fazendo é um ingrediente afrodisíaco para os homens.
- No decorrer das preliminares faça um misto de movimentos.
- Lubrique as mãos antes de tocá-lo. O atrito das mãos secas causa desconforto.
- Forme um anel peniano na base do pênis, para ele não ficar se movimentando.
- Aqueça o pênis com o toque de suas mãos, de preferência, lubrificadas.
- Masturbe-o jogando o fluxo sanguíneo para a glande – não force o movimento para descer.
- Faça pouca pressão ao tocar no corpo do pênis – gire suas mãos em 360° para explorar todo o corpo peniano.
- Desenhe letras ou números na glande com a ponta da língua – quanto maior a língua, mais sexys ficarão os movimentos.
- Massageie a lateral do pênis com os lábios relaxados, porém com pressão, muito bico e muitas linguadas.
- Bata com o pênis na sua língua e no seu rosto. Faça isso de uma forma bem exposta, para que ele possa observar e se deliciar.
- Olhe nos olhos dele e pergunte se está gostando.
- Como na glande está a maioria das terminações nervosas, deixe as chupadas mais para o final.
- Deixe-o perceber que você está apreciando o que está fazendo nele. Chupe-o com prazer.
- Use as mãos e os lábios para tocar o pênis. Não economize nos toques.
- Explore a virilha com lambidas e massagem com os dedos.
- Depois, explore o escroto com a língua. Também use a técnica das letras e números desenhando no escroto com a ponta da língua.
- Todavia, não se esqueça do pênis, você pode tocá-lo enquanto faz outras coisas.

Para que consiga visualizar melhor essas dicas, confira o passo a passo abaixo:

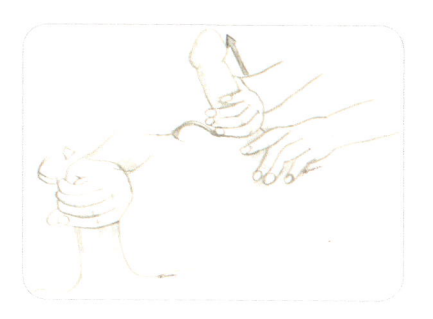 

Passo 1: lubrifique suas mãos antes de tocá-lo. Mãos macias e lubricadas trazem mais conforto ao parceiro. Faça movimentos com maior pressão de baixo para cima, trazendo o fluxo sanguíneo para a glande. Repita o toque algumas vezes.

Passo 2: após a exploração do corpo peniano com as mãos, use a criatividade com a boca. Faça bastante "bico" para você ficar com a expressão bem provocativa. Desenhe letras ou números na cabeça do pênis com a ponta da língua. Mantenha o anel peniano que você formou na base do pênis, de modo a mantê-lo reto e melhorar a execução dos movimentos.

Passo 3: depois dessa sessão de carinhos, toques, beijos, mordidas, lambidas e um show de sensualidade, chegou a hora de você focar na cabeça do pênis com muitas chupadas, lambidas e estímulo duplo: mãos e boca.

Dica:

Você pode usar gel que esquenta e esfria dentre outras guloseimas que deixará esse momento muito mais provocante.

Tocando no Ponto G do homem

Muito se fala sobre o Ponto G feminino, entretanto há sempre especulações e quase nada se conhece sobre essa região no corpo do homem. A maior parte das mulheres certamente não tocou esse local durante uma relação sexual com seu parceiro. Trata-se de um ponto muito específico e que, por mais polêmico que possa ser, pode proporcionar muito prazer a ele!

Para tocar no Ponto G do seu parceiro, vá até o períneo e faça movimento horário e anti-horário nessa região. É importante ir devagar e avaliar a reação dele ao perceber a direção do seu toque. Explore a criatividade com os dedos e a língua nessa região.

Você também pode fazer uma estimulação na região do ânus. Essa é uma área extremamente delicada para os homens, pois, para muitos, mexe com sua masculinidade, o que não passa de um pensamento machista incutido pela nossa sociedade. Por isso, perceba a reação do parceiro, se ele está curtindo o que você está fazendo. Se perceber que seu toque o está agradando e que ele está permitindo que avance, faça pequenas estocadas com a língua na entrada do ânus e dê um beijo grego (beijo de língua) no local.

Para tocar no ponto G é necessário que introduza o dedo, lubrificado, após um período de estimulação externa, e faça o movimento de "venha cá". Faça se você se sentir confiante e aprecie o que está realizando. Muitos homens evitam o toque por preconceito ou por medo do comportamento da sua parceira. O homem precisa se sentir à vontade de forma interna e externa com esse toque.

Flaviane fala:

Muitas mulheres relatam que não apreciam fazer uma sessão de sexo oral no parceiro. Na maioria das vezes, têm nojo. Contudo, cabe mencionar que a região genital possui menos bactérias do que a boca, por exemplo.

Se é o cheiro que a incomoda, peça-o carinhosamente para tomar banho antes e consuma mais água. Existem óleos comestíveis que podem camuflar o cheiro e o gosto e ser usados no homem e na mulher. Quanto ao sêmen, não há nenhum problema em ser engolido – se for um fetiche do parceiro, tente! Você pode gostar da erotização. Deixe que ele escorra pelo corpo do pênis e faça aquela cara de safadinha. Eles adoram! Fique animada: o sêmen é composto por proteínas que não fazem mal para o organismo. Lembre-se de verificar a saúde do seu parceiro para não colocar a sua em risco. Procure uma posição confortável. Evite deixar as pernas tensas. Explore mais a região, conforme as dicas picantes acima. Simplesmente colocar o pênis na boca não traz os mesmos resultados que explorar o órgão masculino. Use todos os meios para brincar e se deliciar.

Sexo oral transmite doenças?

Sim. O sexo oral pode passar qualquer doença sexualmente transmissível, incluindo o HIV. Se o casal confia um no outro e tem um relacionamento estável, é possível pensar na possibilidade de não usar a camisinha. Mas, caso contrário, nem cogite essa possibilidade! Use o preservativo tanto para sexo oral na mulher quanto no homem. Prevenir é melhor que remediar.

Depoimento de aluna:

"Pedro e eu nos casamos aos 19 anos e há oito estamos juntos. No início do casamento, era tudo mais quente, mais explosivo e o sexo era extremante selvagem – quase quebrávamos a casa. Com o passar do tempo e a chegada da nossa filha, entendi que havíamos nos distanciado. E o sexo se tornou uma rotina, uma obrigação. Meu parceiro é um homem bonito e chama bastante atenção, percebo os olhares das mulheres quando saímos. De fato, o tempo foi passando e percebi que

já não tinha a presença dele tão constantemente dentro de casa, como também já estava evitando o sexo comigo, mesmo porque eu não acrescentava nada durante o ato, ainda mais no sexo oral que, para mim, era a melhor parte (em fazer!). Tive que mudar esse quadro e busquei ajuda nesse sentido, precisava aprender a apreciar como também buscar movimentos novos. Perfeito! Após algumas aulas, comprei uns óleos que tinham sabores gostosos. Numa noite em que a chuva caía, ele dentro de casa, não perdi tempo. Comecei a tocá-lo, beijá-lo e dizer que estava com muita vontade de tê-lo dentro da minha boca. Percebi os olhos dele brilhando e ele também não perdeu tempo. Ele me arrastou para o quarto, arrancou a minha roupa e eu comecei a colocar em prática uma sessão surpreendente de movimentos... Foi muito bom! Até uns tapas eu levei!" - (J. S., 27 anos, bióloga)

Beijo: o termômetro do relacionamento

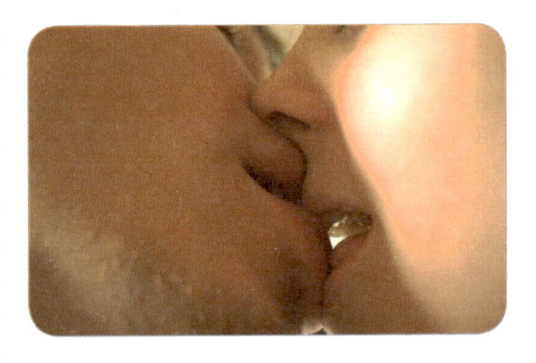

Quente, frio, duro, macio, seco, molhado, doce, salgado, avassalador, desesperador, apaixonado e indiferente. Assim são os beijos que recebemos em nosso dia a dia. O beijo fala muito quando é dado e recebido. Através dele, abrimos portas para alguém entrar, se perder ou se encontrar dentro de nós. A ciência já comprovou: o beijo libera substâncias químicas que transmitem mensagens ao corpo e proporcionam sensações agradáveis.

Em outras palavras, o beijo bom é um parâmetro positivo de afinidade do casal. Entre os apaixonados, o encontro de lábios que dura segundos ou minutos é arrebatador e inexplicável. Já a ausência ou frieza do beijo pode ser um forte indicativo de que o relacionamento não vai bem.

Se levarmos em conta que quando éramos crianças experimentávamos o universo todo através da boca, talvez não seja tão difícil imaginar um orgasmo através dela. Quando rola a química e os beijos se encaixam, forma-se um conjunto perfeito. Agora, quando os beijos não se encontram, muitas vezes ficamos apenas na vontade.

Algumas mulheres têm declarado senti-los e, só de imaginarem os lábios se entrelaçando, os arrepios surgem involuntariamente, começando na boca, indo para fora dela e se estendendo aos genitais. Outras mulheres têm descrito essa sensação como um orgasmo no corpo todo, acompanhado de contrações uterinas e vaginas. O beijo é uma combinação perfeita quando o casal se encontra em sintonia.

Ousando com a língua

Beijos devem ser consensuais. Quando estiverem com os lábios juntos, abra a boca devagar e bem pouco e passe a língua suavemente nos lábios da outra pessoa. Isso deve deixar claro suas intenções de dar um beijo de língua. A melhor tática é o beijo prolongado e com os lábios macios.

A língua é um órgão muito sensível e o mero ato de encostá-la na da outra pessoa vai ser muito agradável e estimulante para ambos. Não enfie a língua toda de uma vez, pois isso pode ser desagradável. Seja suave e sutil. Normalmente, se a outra pessoa quiser mais, ela mesma tomará a iniciativa.

Beijos calientes são bons de vez em quando, mas o verdadeiro beijo de língua tem que ser saboreado devagar. Não se apresse. Demorem ao explorar a boca um do outro. Brinque com os lábios, sugando-os delicadamente. Sinta a respiração. Chupe a parte superior dos lábios e passe a língua pelo seu interior. Passeie com ela também no céu da boca do parceiro e diminua o ritmo convidando-o para fazer o mesmo e se deliciar na sua.

Sugue a língua dele, sem muita força. Simule um sexo oral. Ele vai adorar! Desenhe no lábio superior-interno o número oito deitado ou o símbolo do infinito com a ponta da língua. Faça movimentos de círculos na parte superior- interna dos lábios. Aproveite o momento e faça movimentos de vai e vem com a língua por dentro dos lábios.

Beije com uma bala geladinha, uma pedrinha de gelo, balas de lâminas, um delicioso vinho ou com o que sua imaginação pedir. As sensações térmicas são uma delícia. Não deixe a boca vazia, ou seja, mantenha sua boca e língua em movimento enquanto você se perde nos lábios dele.

Flaviane fala:

No início do relacionamento, os casais se descobrem através dos beijos, acompanhados de suspiros, toques e de uma noite maravilhosa de amor. Beijam-se a noite toda com um gesto atemporal de paixão e romance. E, ao longo do casamento, se perdem através do beijo. Ou melhor, param de se beijar e ficam apenas nos selinhos, principalmente na hora do sexo. Resultado: os casais vão perdendo a intimidade e o sexo vai ficando rotineiro e mecânico. Por isso, beije e beije muito! Sem contar que faz bem à saúde: ajuda a relaxar, a reduzir os efeitos do estresse e movimenta 29 músculos, promovendo a perda de calorias. Quantas vantagens, não?!

Soltando a língua: aprendendo a falar frases eróticas

Solte a língua! Esse é o nosso tema. Vamos treinar frases eróticas. Uma frase bem empregada, ao pé do ouvido, tira o outro do sério e pode excitá-lo muito também. Vá para frente do espelho, feche a porta e comece a falar sozinha. Aos poucos, você se acostuma com os palavreados mais picantes da hora "H". Nesse momento, você pode (e deve!) descer do salto! Leia essas frases em voz alta. Certifique-se de que ninguém esteja escutando, caso contrário, irão encará-la como louca ou você causará o maior frisson!

Se você é um estilo de mulher mais romântica e prefere outros tipos de palavreados, não se agrida: sinta-se uma mulher extremamente normal. Apenas avise ao parceiro que essas palavras têm efeito desestimulante – diminuindo o ritmo da sua excitação. E, juntos, conversem sobre os tipos de elogios que lhe agradam. Solte uns gemidos durante o ato sexual, demostrando ao parceiro que você está curtindo o que ele está fazendo.

O que se diz na cama não significa necessariamente que seja a percepção que o parceiro tem de você. Por exemplo, quando ele a chama de "puta" ou você o chama de "garanhão", trata-se de um momento de excitação e fantasias. Para os casais de longas datas, essa é uma forma de apimentar aquele sábado à noite e, muitas vezes, as frases diferentes quebram a rotina. Segundo pesquisas, mais de 60% dos casais fazem sexo em silêncio e isso é muito ruim.

Abaixo há um repertório de frases para você treinar em voz alta, enviar por torpedos, e-mails ou deixar um bilhetinho no espelho do banheiro.

Vamos treinar?

- Que delícia! Você está muito gostoso, meu amor!
- Hoje te quero muito safado!
- Você me leva à loucura!
- Vem, meu amor! Vem, delícia, acaba comigo!
- Vem, seu tarado, me fode gostoso!
- Você está duro como uma rocha, do jeito que eu gosto!
- Isso! Mexe gostoso, enterra tudo!
- Hummm! Vai acabar comigo hoje! O que pretende fazer com essa pica?!
- Hoje no banho me toquei pensando em você. Imaginei você enterrando tudo em mim!
- Quero chupar seu pau maravilhoso, duro, grande, grosso, cheiroso e gostoso!
- Adoro o jeito como você me fode, me ama, me pega!
- Estou louca por sua pica grande!
- Hoje sou sua escrava, vale tudo!
- Adoro essa pica pulsando dentro de mim!
- Estou ficando toda molhadinha só de pensar em você dentro de mim!
- Quero sentir seu beijo quente em várias partes do meu corpo!

Atenção! Evite frases no diminutivo, principalmente quando se referir ao pênis do parceiro, por mais carinhosa que desejar ser. Retire do seu dicionário palavras como "pauzinho", "pintinho", "caralhinho", "cacetinho", entre outras. Homens preferem as palavras que afirmam sua sexualidade, como "machão", "safado", "garanhão", "cavalo", "cachorrão" e muito mais.

Tanto o homem quanto a mulher adoram passar por aqueles momentos mais picantes durante a relação, muitos adoram o proibido, aqueles momentos avassaladores. Dessa forma, vocês irão mergulhar num sexo mais selvagem e se encontrar mais unidos amor.

Flaviane fala:

É pura verdade que passo esse dever de casa para as alunas. Confesso que não é tão fácil. Muitas relatam que o que elas aprenderam a ler em voz alta era o recital da igreja. E, de repente, falando todo esse palavreado, sentem-se fazendo algo errado. Sim, eu acredito, pois também passei por isso. E, você fala umas frases mais afrodisíacas no ouvido do seu parceiro? Se não, tente enviar e trocar mensagens de texto assim. Às vezes, isso tem um efeito arrebatador. Portanto, converse com o seu parceiro, procure conhecer as preferências dele. Talvez você descubra nele um homem cheio de surpresas e com um dicionário recheado. Agora, não é regra que todos gostem desses palavreados. Há casais que não se sentem confortáveis, e não significa que o sexo deles não seja tão saboroso quanto o dos outros.

Capítulo IV

O prazer por trás de tudo!

De acordo com a Enciclopédia Livre, o sexo anal é uma prática sexual que se caracteriza pela introdução do pênis no interior do ânus do parceiro sexual, seja ele mulher ou homem (relação hetero ou homossexual). Entre humanos, tal prática é encarada como uma forma de se obter prazer durante a relação sexual para satisfação de um ou ambos os participantes.

A região anal é uma das zonas erógenas mais sensíveis do corpo humano, por isso, o ato pode, por si só, levar a pessoa penetrada ao orgasmo. Ainda que os estímulos que proporcionam o orgasmo não sejam inteiramente da ordem física/tátil, a prática pode ser altamente prazerosa.

Por não haver lubrificação natural na região do esfíncter anal, as primeiras experiências podem gerar dor e sangramento, fatos facilmente atenuados e até eliminados com o uso de substâncias lubrificantes próprias, a fim de facilitar a introdução do pênis ou quaisquer outros objetos semelhantes. Alguns adeptos da prática do sexo anal afirmam que a preliminar anilingus é muito importante na preparação do ânus para receber o pênis, já que a mesma relaxa o esfíncter.

Receber seu parceiro no sexo anal exige relaxamento total, deixando de lado suas inibições e tensões. Pratique isso no dia a dia, tentando perceber toda a tensão que você carrega nos músculos da região anal. Faça um esforço consciente para relaxar e mandar a tensão embora.

Uma sugestão muito válida, principalmente para as mulheres, é fazer alguns movimentos de círculos com o quadril durante o banho, ou seja, rebole bastante, seu quadril e corpo ficarão mais relaxados. Respire fundo e relaxe. Repita. Com menos tensão, você estará mais bem preparada para praticar o sexo anal sem dor e mais consciente das sensações de prazer que ele pode proporcionar.

Muitas religiões pregam para seus fiéis que o objetivo do sexo é exclusivamente a reprodução humana e acabam condenando essa prática. No entanto, desde os primórdios sempre foi registrada a prática do sexo anal entre homens e mulheres em homossexuais e no reino animal. Fazer sexo anal é uma forma de apimentar a relação sexual. Muitos casais consideram o ato.

Caso nunca tenha feito, não abra mão da sua preparação e da dele. A comunicação é essencial sobre quando e como fazê-lo para se sentir mais segura e confiante. Você pode demonstrar para o seu parceiro que deseja apreciar essa arte do prazer, isso fará toda a diferença.

Cuidados a serem tomados:

- **Proteção**. Existem camisinhas mais grossas, especiais para a prática do sexo anal.
- **Delicadeza, sempre**. Penetrações muito afoitas acabam ocasionando complicações.

Sugestão de como fazer:

- Imagine você fazendo uma sessão de prazer inesquecível, explorando todos os pontos erógenos, inclusive o ânus.
- Não tenha pressa. Essa arte precisa ser devagar, devagar e devagar.
- Na hora do banho, movimente-se bastante com rebolados para relaxar a musculatura.
- Você pode usar um relaxante anal com pequenas dosagens de anestésicos. Aplique-o na região anal cerca de quinze minutos antes da relação, estimulando a área.
- Tenha um bom lubrificante. Especialmente aqueles à base de água, pois os outros podem danificar o látex e a camisinha vir a se romper.
- Deixe o sexo anal como uma deliciosa sobremesa. Curta bastante o sexo vaginal para você ficar em ponto de bala. O ideal é você estar o mais excitada possível para a prática do sexo anal.
- De ladinho: essa é uma das melhores posições para você, mulher. Há muitas vantagens. Deitada, a mulher apresenta menos tensões no esfíncter. O casal consegue se movimentar bastante e o parceiro tem as mãos livres para fazer toques simultâneos. Para a mulher, essa posição é ótima para se masturbar e chegar a grandes orgasmos, sentindo o pênis parado ou se movimentando dentro dela. Se desejar, você pode utilizar um vibrador para fazer estimulação simultânea na vulva.
- Outras posições sexuais também podem causar grande excita-

ção, como de pé, de frente – "frango assado" –, de bruços com o bumbum para cima. Experimente essas posições e descubra a sua preferida.

Importante:

Nunca faça penetração no canal vaginal após a penetração anal, isso pode causar sérios problemas à saúde.

Se você não chegar ao orgasmo com a penetração anal, não se angustie. Isso pode requerer tempo, autoconhecimento e muita afinidade. Mesmo assim, não deixe de se tocar quando estiver praticando o ato, use acessórios, pois isso pode acrescentar muito. O homem com certeza valoriza muito a parceira que faz um bom sexo anal. Dizem que o homem vê o sexo anal como uma conquista, uma vitória, já que sempre luta para consegui-lo. O homem é caçador, dominador por excelência. Muitos consideram essa prática sádica pelo prazer em causar dor à mulher.

Depoimentos de alunas:

"Um ato que sempre recusei e não tinha nem curiosidade de tentar. Minha mãe me ensinou que era pecado, sujo e uma mulher não devia nem tentar. Isso era muito forte para mim. Quando conheci meu namorado atual, percebi que ele gostava, pois, entre um sexo e outro ele tocava no assunto. Na verdade, ele queria praticar o sexo anal. Falei sobre meu conceito e que não estava disposta a tentar. Porém, entre uma relação e outra, ele sempre tocava nessa região, e eu percebia o quanto me excitava. Fui relaxando, relaxando, até que um dia conseguimos praticar. Não tinha noção de quanto era prazeroso. Ele, com todo o carinho e paciência, me fez aprender a apreciar o sexo de todas as formas." - (G. F., 38 anos, analista de sistemas).

"O sexo anal para mim é muito prazeroso, mas depende muito do homem saber ou não fazer. Alguns não têm noção do que estão fazendo, acham que é somente penetrar. Mas não é assim, é preciso técnica e vontade de realmente dar prazer à parceira." - (R. P., 38 anos, empresária).

Flaviane Fala:

Existe uma parcela de alunas que representa as grandes apreciadoras do sexo anal e há outra que não. Na verdade, é necessário respeitar os limites de cada pessoa, acima de tudo. Caso não seja uma admiradora desse modo de sexo, não significa que não seja uma mulher normal. Você é! Afinal de contas, nem todas as pessoas gostam de chocolate e vivem muito bem e felizes sem ele.

Capítulo V

A dança erótica

É possível aprender sensualidade?

Sim, sim, sim! Claro que é possível aprender a ser sensual! A mulher, ao longo de décadas, vem passando por um processo de transformação. As mulheres do século XXI são diferentes daquela retratada na famosa música "Amélia", da década de 1940. Ela deixou de ser somente dona de casa, cuidar de alguma função religiosa, esposa e mãe para enfrentar o mercado de trabalho e uma jornada dupla ou tripla.

A geração de hoje se depara com o dilema de conciliar ou ter de escolher entre uma carreira de sucesso, ser mãe, ser esposa e outras famosas aspirações femininas. Esse equilíbrio é difícil e muitas se perdem na hora de tentar harmonizar essa múltipla faceta da mulher moderna, da supermulher.

Diante disso, várias vêm buscando ajuda em diversos meios, como terapia, cursos, atividades de relaxamentos e físicas, visando a eliminar um pouco o acúmulo de estresse. Certamente, isso faz muito bem ao emocional, físico e espiritual. Faça sempre algo por você.

Por isso, cada vez mais tem aumentado o número de mulheres que procuram o curso de "Sensualidade Feminina", com o objetivo de auxiliar no desenvolvimento da autoconfiança e autoestima e também propiciar mais segurança para a conquista das aspirações femininas.

As mulheres estão mais interessadas em aprender sobre a importância da sensualidade, como fazer para deixar seu amado ainda mais apaixonado, ou ainda renovar o casamento e outros relacionamentos de longo período. Muitas procuram estratégias para fugir da rotina e também ficar ainda mais atraentes.

Este "Manual para Elas" tem a missão de dar uma ajudinha fornecendo muitas dicas e pequenos truques. Na maioria das vezes, esse é um combustível que explode entre o casal. Seja por uma dança sensual, *strip-tease*, massagem sensual, jogos eróticos ou exercícios de fortalecimento da musculatura vaginal, que favorecem o aumento da chama, a relação fica mais apimentada, sobretudo para os casais que estão juntos há bastante tempo.

Vamos aprender algumas dicas sobre um strip-tease?

A primeira coisa para se sentir confiante o suficiente para fazer um *strip-tease* ou uma dança sensual (usar uma fantasia sem se preocupar em tirá-la) é resistir à tentação de se desvalorizar, achando-se muito gorda ou muito magra, feia, com rugas, celulites, gordurinhas localizadas, etc. Na verdade, é o conjunto que faz toda a diferença e não apenas uma parte do seu corpo. Muitas pesquisas mostram que a sensualidade transcende o físico, vem de dentro, da alma.

Você deve manter um diálogo interno positivo, trabalhar suas inseguranças, ser espontânea e, sobretudo, se respeitar. O companheiro irá valorizar a sua pré-disposição em fazer algo tão especial para ele. Portanto, suba num salto e vamos treinar!

Preparativos:

- Salto alto
- Uma bela lingerie, meia 7/8 e um roupão sensual (ou uma fantasia erótica)
- Uma cadeira
- Um espelho
- Músicas interessantes para treinar.

Montando a sua coreografia:

- Primeiro, treine em casa. De preferência, sozinha. Depois estará preparada para dançar em qualquer lugar.
- Pegue uma cadeira – quanto mais pesada melhor. Cuidado com as cadeiras de plástico e de alumínio muito leve, bem como com as de frestas no meio. Seu salto pode agarrar.
- Faça um alongamento antes – uma vez que, nos próximos minutos, passará por uma verdadeira aula de aeróbica.
- Coloque a lingerie, a meia, o salto alto e o roupão.
- Posicione-se atrás da cadeira e comece a rebolar, no mínimo três vezes.
- Desça até o seu limite, levante e rebole mais três vezes. Agora, retire o roupão ou a camisa dele ou a roupa que está vestida.

- Em seguida, vá para a lateral da cadeira, coloque uma perna em cima dela e passe as mãos na sua perna, olhando para o parceiro com uma carinha maliciosa.
- Rebole algumas vezes nessa posição, acariciando o seu corpo.
- Depois vá para frente da cadeira e rebole, passando as mãos pelo seu corpo. Feche os olhos e deixe o parceiro contemplar o show!
- Sente-se na cadeira, passe sua mão em uma das pernas, toque-se dos pés à cabeça. Faça jogadas de olhares. Não precisa focar o olhar nele o tempo todo!
- Abra as pernas e passe as mãos por dentro das coxas, com cara de tesão (treine na frente do espelho).
- Forme uma linha tocando na vulva, depois nos seios e vá até a cabeça (ou coloque o dedo dentro da boca).
- Cruze as pernas e toque nelas (você ainda está com a lingerie). Isso fará a pressão de seu parceiro subir!
- Levante da cadeira. Vá para o outro lado dela, coloque uma mão em cima do encosto e faça movimento de bicicletinha com as pernas.
- Levante e fique de costas atrás da cadeira; de preferência, com as mãos atrás da cabeça. Rebole algumas vezes. Desvire e tire o sutiã.
- Em seguida, posicione-se na frente do parceiro e tire a calcinha.
- Termine a dança com a meia 7/8 e o salto alto (sugestão). Sente-se no colo dele ou o deixe interagir.

No dia do show:

- Avise o parceiro que fará uma surpresa. Trabalhe a imaginação do seu gato.
- Crie um espaço especial, erótico e sensual para vocês se sentirem mais à vontade.
- Se preferir, coloque meia-luz ou luz de velas.
- Sinta-se a mulher mais poderosa do mundo.
- Deixe no ponto a música que irá dançar.

- A cadeira deve ser precisa e estar de uma forma que fique confortável para você dançar.
- Coloque um salto alto, uma meia 7/8 e uma bela lingerie, que a faça sentir-se linda e maravilhosa.
- Cuidado com a quantidade de álcool ingerido. Você pode perder a coordenação motora e tornar o momento engraçado e não sensual.
- Chupe uma balinha bem pequena para relaxar a sua musculatura e não demonstrar que está muito nervosa.
- Coloque o parceiro sentado de uma forma confortável para assistir ao espetáculo.
- Agora é hora do show!

O parceiro

Lembre que é fundamental preparar o seu parceiro. Afinal, ele pode nunca ter recebido um momento como esse e ficar muito surpreso, tendo até atitudes antagônicas; às vezes, sem maldade, apenas porque foi pego de surpresa. Como é um momento tão especial, pode ter certeza de que ele nunca mais esquecerá e você também.

Cada homem tem uma reação diferente, uns podem achar o momento tão mágico, ficando muito nervosos e não conseguindo ter ereção. Fique calma! Você arrasou da mesma forma; porém, ele se sente inseguro ou muito nervoso perante a situação, afinal, não são todos os parceiros que ganham um presente como esse. Se isso acontecer, haja com total naturalidade e mostre o quanto tudo isso foi único para vocês.

Alguns parceiros podem ficar se masturbando enquanto você dança e fazendo a festa. Esse comportamento é muito bom, deixa a mulher bastante estimulada. Sugestão: triplique o número de reboladas, vai haver show por muitas horas.

Outros homens podem ficar extremamente intimidados com a situação e apresentar medo do seu poder de sedução. O seu ato pode desencadear ciúmes ou comportamentos opressores e machistas, principalmente colocando defeito em partes de seu corpo, dizendo que não acha bonita tal atitude e a mulher não precisa disso. Se o parceiro tratá-la assim, é por não saber aproveitar o que é bom. E nem por isso se desvalorize!

Depoimentos de alunas:

"Estava iniciando um relacionamento e era o dia dos namorados, quando resolvi impressioná-lo, uma vez que havia uma energia e uma química muito boa entre nós. No dia anterior, disse que ele receberia uma surpresa e que eu passaria na casa dele para buscá-lo. Pedi que ele não me ligasse no decorrer do dia e apenas me esperasse no horário combinado. De fato, eu estava lá para buscá-lo. Passando em frente à sua casa, vi o nervosismo dele, andando de um lado para o outro, imaginando o que era a tal surpresa. Quando parei com o carro, ele se surpreendeu com a garrafa de espumante esperando por ele. Eu já tinha bebido umas taças para ficar mais segura. Nessa altura, já estava vestida com um camisão branco e uma bela lingerie por baixo. Deixei que ele percebesse que algo mais quente estava por vir. Antes disso, aluguei o quarto de um hotel, preparei tudo, o ambiente estava muito sugestivo, com um jantar superleve, frutas e mais algumas garrafas de espumante. No caminho, indo para a direção do hotel, quando estava quase chegando, vendei os olhos dele. Deixei a imaginação ferver em seu corpo. Quando chegamos, eu o levei para o quarto e pedi que ele seguisse apenas as minhas orientações, e assim foi feito. Coloquei-o sentado na cama, tirei a venda e pedi que continuasse com os olhos fechados e os abrisse apenas quando solicitasse. Fui até o som e o liguei, pedi que abrisse os olhos e naquele momento comecei a dançar. Ele ficou impressionado... Fui dançando, me tocando, provocando e o deixando louco... Ele não sabia o que fazer, a não ser começar a se tocar... Foi lindo presenciar aquela cena. Quanto mais ele se tocava, mais eu rebolava. Fui em direção a ele e deixei que ele me possuísse. Foi tudo muito intenso e avassalador, nos amamos intensamente por muito tempo. O mais impressionante aconteceu depois, no segundo momento. Ele me surpreendeu! Ele se vestiu, me colocou sentada e disse que iria dançar para mim. Fiquei louca! Ele soltou a música, começou a tirar a roupa dançando... Fiquei simplesmente apaixonada... Nunca havia visto uma coisa tão linda! Ele realmente me surpreendeu com aquela atitude. Estamos juntos há quase dois anos e sempre tocamos nesse assunto como um momento muito especial". - (P. T. U., 30 anos, professora universitária).

"Tenho 22 anos de casada e nunca me imaginei fazendo uma coisa dessas – um strip-tease. Desafiei-me e coloquei em prática no dia do aniversário dele. Estava cansada de sempre dar roupas, sapatos e gravatas e resolvi fazer algo bem dife-

rente. *Fiz umas aulas de dança sensual, me senti segura e coloquei em prática. Confesso que, com 50 anos, parece que o desafio é maior. Mas tomei uma garrafa de coragem e fiquei uma semana treinando na frente do espelho. Quanto mais próximo do aniversário dele, mais ansiosa eu ficava. No dia do aniversário, o convidei para comemorarmos no motel, afinal de contas, havia anos que não íamos a um. Depois do expediente, nós nos encontramos e fomos para o melhor da nossa cidade. Pedi a melhor suíte, que contava com os jogos de luzes para fazer a diferença. Chegando ao motel, eu disse que ele teria uma surpresa. Enquanto isso, coloquei a música para tocar, a banheira para encher, joguei muita espuma, tirei a roupa dele, abri um bom vinho e pedi para ele me esperar dentro da banheira. Pronto! Corri para a sala que tinha um maravilhoso jogo de luzes, coloquei a cadeira embaixo e deixei tudo certo. Corri para o banheiro e comecei a me arrumar, coloquei uma lingerie nova e muito sensual, coisa que há muito tempo não usava. Confesso que pensei em desistir. Mas lembrava da minha professora dizendo: 'você vai arrasar!'. Deixei tudo pronto, sai do banheiro e fui até onde ele estava. Quando cheguei à porta, ele me olhou e disse: 'você está mais linda do que nunca!'. Então, mais força brotou dentro de mim para colocar tudo em prática. Convidei-o para vir até a sala de dança, ele me acompanhou e ficou sentado num pequeno divã. Comecei a dançar. Ele batia palmas dizendo: 'maravilhossaaaaaa, que linda!' e eu rebolava de frente, de costas, de lado, fiz tudo acontecer. Foi muito gratificante, me senti uma deusa. Fizemos amor por horas e nos divertimos como há muito tempo não fazíamos. No outro dia, ele não poupou elogios, inclusive queria saber quando seria a próxima comemoração."* - (J. A., 50 anos, empresária).

Flaviane fala:

Meninas, fiquem atentas! É muito importante termos alguns cuidados no dia a dia; isso pode ser bastante significativo na sua vida e na do parceiro. Para começar, dispensem do armário aqueles pijamas altamente broxantes, que já estão manchados, faltando uma parte da renda ou com o elástico frouxo. Você pode estar confortável e também bonita e sensual com conjuntos de short doll e uma camisola com um tecido gostoso de tocar. A cada três meses, dê uma renovada nas peças íntimas. Evite lingeries de cor bege e as de algodão com caras de bichinhos, borrachinha no cabelo e ainda máscara verde, de argila, esquisita, no rosto. Os homens geralmente não são apreciadores dessas coisas – elas podem desestimulá-los. Fuja também daquele uniforme caseiro: quando chega do trabalho, usa sempre o mesmo vestidinho ou sempre o mesmo short e a mesma camiseta. Jogue fora! Não deixe o seu brilho e a sua alegria apenas para o ambiente de trabalho. Traga para a sua casa aquela mulher linda, simpática e maravilhosa e não caia na armadilha de se perder dentro do relacionamento. Você precisa assumir o papel de mãe, de dona de casa, de profissional e não negligenciar o de amante. Não transforme a sua casa num laboratório de reclamações e mais reclamações, não se torne uma mulher chata e sem um sorriso no rosto. Não vá para cama com cheiro de gordura do jantar ou de algum produto de limpeza. Cuide-se! Use um perfume ou um creme corporal com um cheiro gostoso e diferente quando estiver com o parceiro. A depilação em dia é muito importante. Visite periodicamente o ginecologista. Observe para que o seu odor natural não esteja alterado. Mantenha seu quarto como um ninho de amor. Explore espelhos – homem, repito, é muito visual – e cores vermelhas em um lençol de seda, almofadas ou um tapete. Tenha fotos do casal abraçado ou dando selinho. Pelo menos uma vez ao mês, leve um vinho e uma calcinha nova para o quarto – pode fazer a diferença. Renuncie àqueles finais de semana morosos, sem vitalidade. Conserve os olhos do parceiro voltados para você. Nutra o amor, cultive o carinho. Seja ousada, criativa e provocante. Dessa maneira você vai driblando a rotina e mantendo a chama do relacionamento acesa.

Elas Podem e Devem!

- Variar sexualmente e trazer algo diferente, como brinquedos eróticos, para o quarto pode mudar o dia a dia do casal. Pelo menos curioso ele ficará. Leve também brigadeiros, leite condensado, dentre outras guloseimas que você goste, coloque nos locais que você adora ser tocada e deixe o parceiro fazer o trabalho de limpar, com a boca de preferência... Seja esperta, mocinha!

- Num momento especial, coloque-o sentado na cama, vá tirando a roupa, brincando e sorrindo, jogue as peças próximas a ele, estimule o voyeurismo do seu parceiro. Comece beijando-o pelos pés e passeie pelo seu corpo tocando, com o seu, e termine com um delicioso beijo. Homens adoram ser provocados, gostam de se sentir amados pela parceira.

- Se o parceiro estiver com dificuldade de ereção, você pode formar um anel peniano na base do pênis com sua própria mão ou colocar um anel peniano. Essa técnica é para obstruir o retorno venoso do pênis através do estrangulamento. O anel peniano com vibração causa um frisson muito especial na mulher e em homens também.

- Mulheres que externam seus desejos ou gritam na hora do orgasmo, geralmente, excitam muito o homem. Então, em alguns momentos, quando ele lhe proporcionar um delicioso orgasmo, abra a boca!

- Provoque seu parceiro em locais públicos. O olhar de desejo é um aliado fortíssimo! Destaque seus olhos e sua boca, sempre que possível, toque nos lábios para ele entender a mensagem de que você quer conquistá-lo sexualmente para mais tarde.

- Coloque uma pequena calcinha e ou fique apenas como veio ao mundo e desfile de forma desinibida na frente do seu gato. Homens adoram mulheres sem vergonha. Esses são os segredos de muitas mulheres que não são tão belas fisicamente, mas que se acham assim, e os parceiros também. Não é um corpo perfeito que faz toda diferença e sim a atitude da mulher.

- Repita comigo: adoro sexo! Adoro sexo! Adoro sexo! E adoro muito sexo! Pronto! Seu cérebro acaba de se estimular e você sentirá vontade de fazer sexo. Repita isso todos os dias. Quanto mais sexo você faz, mais vontade sentirá de fazer.

- Tenha sua vida social, não concentre toda sua energia no parceiro. Tome um chope ou um café com amigas, viaje, faça cursos diferentes, pratique atividade física, aula de dança, ou seja, a felicidade é um conjunto de coisas que você pode fazer sem direcionar toda sua energia para seu homem. Mulheres assim se tornam chatas e seu parceiro pode perder o encanto. Seja caça e não caçadora.

- Jogo do beijo. Combine com parceiro que hoje é o dia do beijo. Nesse dia, o casal não se toca com as mãos e sim somente com a boca, você deve beijar o corpo todo do parceiro sem colocar as mãos. Comece pela orelha, pescoço, mamilo, umbigo, virilha, coxas, joelhos e os dedinhos dos pés. Acompanhe os beijos com linguadas, principalmente nos pontos estratégicos, como a virilha. Beije o parceiro de frente e em seguida de costas. Pode ter certeza de que ele ficará muito excitado! Peça-o para fazer o mesmo com você. Essa é uma ótima estratégia para agregar tempo nas preliminares. O prazer do beijo pode estar ligado ao fato do tato labial ser 200 vezes mais sensível do que o tato nos dedos.
- Muitos homens apreciam ver as mulheres se tocando. Faça os exercícios conforme sugerido no livro para você se soltar e se sentir mais confiante na hora do show! Coloque-o sentado numa posição para assistir ao espetáculo! Toque-se até chegar ao orgasmo e deixe a imaginação de ambos fluir.

Homens admiram mulheres que se amam

Vejo diariamente tantas mulheres sofrerem e se "matarem" na frente do espelho, sempre insatisfeitas com seu padrão estético. Reclamam de tudo e, sem dúvida, viram vítimas do que a mídia prega paulatinamente sobre a "mulher do corpo ideal", sempre buscando o que não têm e desfazendo o que têm. Valorize-se!

Homens não apreciam as mulheres que passam pela vida fazendo o papel de coitadinha e mal amada, esperando que o elogio venha do outro como uma vitamina para fortalecer sua autoestima. A vida para essas mulheres passa no preto, branco e cinza, deixando de viver emoções, fazer conquistas positivas, serem felizes porque o que elas desejam está no outro.

Eles gostam de atitude, sorrisos, autoestima, bom humor, de mulheres que sabem usar os instrumentos que têm. Que caminham olhando para frente, com a certeza absoluta que sabem aonde querem chegar. Eles também desejam uma mulher que os acompanhem numa uma taça de vinho e que não passe horas falando das quantidades de calorias do prato que está à mesa.

Eles querem e desejam mulheres que se entregam no sexo, sem se preocupar com a gordurinha da barriga, a celulite do culote ou as estrias do bumbum. Eles são muito menos críticos, gostam de mulheres bem resolvidas, que se acham lindas, maravilhosas e gostosas e que se respeitam acima de tudo.

O que buscam são mulheres que têm vida própria, amigas, programas independentes, trabalho, assunto e que não vivam vigiando e morrendo de ciúme cada vez que ele vai ao futebol ou ao encontro com os amigos. Lembre-se: traição é uma questão de oportunidade para os dois. Converse sempre com seu parceiro e mostre no dia a dia a mulher maravilhosa que ele tem ao lado.

Não é uma parte do seu corpo que fará a diferença, tornando-a uma mulher irresistível, mas sim, o que você sabe fazer com o que tem. Destaco que a beleza é, muitas vezes, o primeiro quesito para a aproximação de um homem, mas é o 12º na manutenção do relacionamento.

Atendo a mulheres lindas, maravilhosas, capas de revistas, mas que, por dentro, são pouco corajosas, sem brilho e vivem correndo atrás dos homens como se precisassem deles para sua autoafirmação. Nesses momentos, elas sofrem muito, visto que os homem aproveitam dessas mulheres para se divertir um pouco. Procure ajuda caso se encontre dessa forma. Você merece ser feliz primeiro com você.

Capítulo VI

ELES podem... e devem!
O capítulo DELES!

Desvendando a mulher: saiba como proporcionar prazer incondicional a ela

Caro leitor, compartilho com você que a falta de comunicação e outras angústias suscitam diversos conflitos em um casal. Em meus cursos, inúmeras alunas constantemente relatam a falta de paciência, de conhecimento e de exploração dos seus parceiros. A rotina, zona de conforto, acaba deixando a preguiça se instalar no relacionamento, culminando numa relação pobre ou até inerte de carícia e estimulação.

Ao mesmo tempo, sabemos que, seja qual for a sua idade e quanto tempo vocês estão juntos, o sexo irá perdendo gradualmente o aspecto que tinha no início. No entanto, aqui estão algumas sugestões e ideias para ajudar os casais a rejuvenescer com novas técnicas. Importa compreender que temos capacidade para criar, potencializar e dar a pitada mágica de tempero para o sabor final ficar ainda mais especial.

A cultura ocidental propicia ao homem muitas vezes olhar para o corpo de uma mulher como uma mercadoria. Ele é ensinado a "gozar" em uma mulher para saciar seu apetite sexual, então, é essencial que você aprenda a apreciar, valorizar, se entregar e curtir.

Se você (ou sua parceria) vê o sexo dessa forma, precisa estar consciente de como essa atitude pode impedi-lo de passar pela estrada do prazer. O sexo é uma experiência individualizada, em especial quando falamos de orgasmos. Imaginando o sexo num ato como um fim, tendo os orgasmos como um "brinde", automaticamente deixa-se de sentir o prazer durante o caminho. Assim, listo algumas dicas para enriquecer seus dias com sua parceira.

Você vai descobrir que os ciclos de desejo sexual nem sempre coincidem: às vezes você tem mais desejo do que sua parceira e, em outros momentos, apresenta menos. Ninguém que esteja realmente em sintonia com seu corpo ou emoções vai querer sexo o tempo todo. Primeiramente, é preciso saber conversar com sua parceira sobre esses ciclos, responsáveis pelos períodos de crescimento e decadência do desejo, de uma forma que nenhum dos dois se sinta culpado ou julgado.

É muito valioso que o casal fuja dessa armadilha, reconhecendo que o sexo está ligado ao físico, emocional e mental. Em geral, as mulheres demoram mais tempo para alcançar o mesmo nível de excitação do homem. Um homem sábio e dedicado terá que reprimir suas próprias necessidades para que a mulher possa ir elevando seu nível de excitação. Abaixo uma sugestão de massagem erótica que pode potencializar o prazer do casal. Confira o mapa do tesouro:

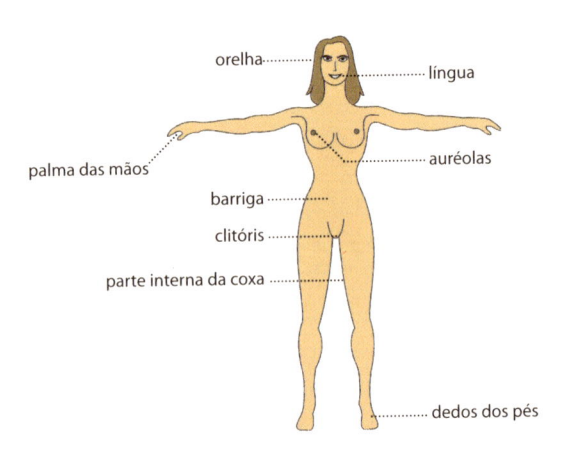

ZONAS ERÓGENAS FEMININAS

orelha

língua

palma das mãos

auréolas

barriga

clitóris

parte interna da coxa

dedos dos pés

As mãos, a boca e a língua são ferramentas maravilhosas para levar sua parceira ao delírio. Você pode provocar vibrações pelas carícias, acendendo o fogo da paixão. O toque tem um poder erotizante por um período prolongado. Então, não perca tempo!

Técnicas para aumentar o prazer do casal
Parte 1

Pompoarismo MASCULINO

No oriente, os exercícios de pompoarismo masculino são tão apreciados quanto os femininos. Porém, nossa cultura não utiliza essas técnicas para potencializar na arte de amar. Diversos são os segredos dos homens orientais que mantêm seu harém de mulheres. Convido você a pegar carona nessa técnica de exercícios e começar a trabalhar a saúde de sua musculatura.

O homem também precisa exercitar a musculatura do pubococcígeo (PC) para se manter forte e saudável. Com exercícios simples e regulares você pode praticar todos os dias, de preferência, sozinho.

Para identificar o músculo, você deve colocar um dedo atrás dos testículos e simular uma retenção da urina. Esse músculo que usou para interromper o fluxo da bexiga é o PC. Mantenha o músculo do abdome e das coxas relaxados quando fizer os exercícios.

Exercício número 1:

- Na hora do banho, relaxe a musculatura;
- Deixe as pernas paralelas;
- Inspire contraindo o músculo e expire para relaxá-lo;
- No início do treino, sugiro 50 contrações por dia. Depois você pode aumentar gradativamente.

Exercício número 2:

- Quando você estiver perto de urinar, fique nas pontas dos pés;
- Inspire profundamente e contraia o PC para deter a urina no meio do fluxo;
- Expire e recomece a urinar;
- Corte o fluxo da urina em quatro ou cinco etapas, apenas uma vez ao dia.

Diversos benefícios são apontados para os apreciadores dessa prática, dentre eles a massagem da próstata, prevenindo doenças, o auxílio no tratamento de ejaculação precoce, o aumento da libido, entre outros.

Antes de você mergulhar no universo feminino, sugiro que você trabalhe o seu corpo visando a sua saúde sexual. Não tenha dúvida de que tudo funciona de forma sistêmica: quanto mais seu corpo estiver preparado, maior será sua gratificação em fazer sua parceira cada vez mais feliz.

Técnicas para aumentar o prazer do casal
Parte 2

A arte do toque: levando sua parceira ao êxtase com uma massagem erótica

A mulher, de fato, não se excitará se não estiver relaxada. Diante disso, você está sendo desafiado a colocá-la no clima. Trago algumas propostas para você deixar sua parceira no ponto. Fica feliz em saber isso? Que tal convidá-la para tomar aquele banho quente, com direito a alguns sais de lavanda? Ou uma massagem deliciosa nos pés ou no corpo todo? Também é um excelente convite. Topa?

Se a mulher perceber que você está preparando algo especial para ela, com certeza responderá de modo diferente. Ela pensa em 20 coisas diferentes ao mesmo tempo, tenta organizar tudo em sua mente e, com isso, forma uma corrente russa em seu cérebro. Desse modo, se ela não estiver se preparando ou sendo preparada, pode não conseguir se vincular como poderia. Mostre que você está totalmente presente, concentrado nela e no que está fazendo. Ela certamente começará a soltar sua energia sexual.

Crie um tempo exclusivamente para vocês, pode ser uma hora por dia, uma tarde por semana ou um fim de semana por mês para que fiquem a sós, sem pressa, sem programação. O único objetivo é estar um com o outro. Que tal preparar um momento especial assim com uma deliciosa massagem?

Preparativos:
* Crie um espaço singular, erótico e sensual para envolver sua

parceira: com almofadas, temperatura ambiente e um lençol com cheiro agradável.

- Se quiser, coloque meia-luz ou luz de velas para ficar um ambiente privativo e com uma atmosfera íntima.
- Esteja pronto para agregar tempo – essa é a chave do sucesso!
- Se preferir, coloque música.
- Se desejar, tenha no local bebidas e guloseimas.

Sugestão de acessórios:
- Óleo de massagem
- Óleo para sexo oral
- Brinquedos eróticos.

Como fazer:
- Coloque sua parceira deitada de costas. Com as pernas abertas para você sentar entre as pernas dela.
- Lubrifique suas mãos com o óleo de massagem ou uma loção, como preferir. Você também pode aquecer uma quantidade de água, depositar num recipiente e colocar algumas gotas de óleos de massagem.
- Inicie tocando os pés, repita o mesmo toque pelo menos três vezes a fim de que sua parceira possa apreciar o que você está fazendo.
- Depois, avance para as panturrilhas. Coloque pouca pressão nas mãos; comece tocando de dentro para fora.
- Em seguida, toque no bumbum várias vezes. Esse toque é muito excitante para a mulher.
- Nas costas, passe o óleo que esquenta em toda a extensão da coluna, solte o ar para aquecer o produto e lamba com desejo, língua grande e molhada, sem fazer barulho.
- Depois passe o óleo de massagem nas suas próprias costas com as mãos para acariciar o corpo da parceira com o seu corpo.
- Diga frases eróticas, elogie o corpo dela. Isso pode excitá-la muito. Então, solte o verbo!

Você pode aperfeiçoar muito mais as frases. Basta colocar o que você está pensando e sentindo, quanto mais natural e verdadeiro melhor. Faça-a se sentir mulher, desejada e amada. Pode ter certeza que assim ela nunca irá se sentir atraída por outro homem.

Evite usar frases com os termos "perereca", "periquita", "vagina", "bicha", dentre outros nomes pejorativos, por mais carinhoso que isso possa lhe parecer. Muitas mulheres preferem ouvir "Sua buceta é muito deliciosa!", "Você é muito apertadinha!", "Que xoxota espetacular!", entre outras coisas.

É comum a mulher ter entre suas fantasias a de ser possuída pelo seu homem e desfrutar momentos mais selvagens, apreciando momentos proibidos e picantes. Por que não proporcionar isso a ela?

Continuando a massagem:

- Esse é um momento de agregar tempo.
- Desvire a parceira. Coloque-a de barriga para cima, com as pernas afastadas.
- Retome a massagem novamente pelos pés. Lembre-se de aquecer as mãos.
- Faça uma massagem envolvendo os tornozelos, panturrilhas e a parte interna das coxas. Toque de dentro para fora.
- Quando chegar à virilha, crie um suspense. Faça toques com as pontas dos dedos envolvendo os dois lados da virilha. Permaneça assim durante alguns segundos.
- Toque na vagina só no final! Deixe a imaginação e o corpo fluírem.
- Ponha o óleo que esquenta nos seios dela e solte o ar para aquecê-los. Toque-os delicada, gentil e lentamente com a palma das mãos e as pontas dos dedos, enquanto vocês se olham nos olhos e respiram profundamente juntos. Você também pode lamber ou fazer movimentos de sucção nos seios da parceira, sem muita pressão.
- Depois você pode tocar nos lábios da amada. O beijo aprofunda a experiência sexual.
- Em seguida, volte para mergulhar num mar de intimidade. Sempre devagar, devagar e devagar.

Técnicas para aumentar o prazer do casal
Parte 3

Tocando os seios: elas GOSTAM...

Uma massagem sensual nos seios é um jeito infalível de levar muitas mulheres ao auge da excitação. Algumas têm até orgasmo só com esse toque. O segredo é não apressar as coisas e saber fazer. Toques grosseiros podem ser um balde de água fria e deixar sua parceira totalmente desestimulada. Lembre-se: trata-se de uma região extremamente sensível!

Sugestão de como tocá-la:

- Se a parceira ainda estiver vestida, realize alguns toques por cima da roupa. Movimentos sobre o tecido da roupa podem provocar sensações maravilhosas.
- Você pode começar beijando os seios da parceira, deixe as chupadas no mamilo para mais adiante. Crie um mistério, faça a parceira ficar louca para sentir seus mamilos dentro da sua boca.
- Toque-a suavemente com as pontas dos dedos, enquanto você beija o pescoço dela e lhe fala algumas frases no ouvido (como exemplo, o que você vai fazer nos lindos e deliciosos seios dela).
- Com a mão aberta abrace todo o seio, trazendo as pontas dos dedos para os mamilos. Repita algumas vezes esse toque. Ela vai adorar!
- Com a ponta do polegar, faça nos mamilos movimentos horários e anti-horários. Esse toque é extremante energizante.
- Envolva os seios da sua amada com lambidas longas e molhadas até próximo ao mamilo. Muitas mulheres contam que ficam arrepiadas. A mulher também adora ver um homem usando toda sua sensualidade para tocá-las.
- Depois, com a ponta da língua, faça massagem nos mamilos. Dê um beijo grego como se estivesse beijando a boca da sua parceira.

- Em seguida, dê chupadas delicadas e faça um misto de movimentos: lambidas, beijos, chupadas e toques com as mãos.

Depoimento de aluna:

"Meu momento predileto era quando ele tocava os meus seios. Vou chamá-lo de Júlio. Quando nos encontrávamos, sabíamos que um quarto de dez metros quadrados era pequeno para nós dois. Aproveitávamos cada momento, era tudo maravilhoso, parecia que estava no meio de uma fogueira, nossos corpos ficavam molhados. Seu corpo era lindo de se apreciar e seus olhos pareciam uma parte do oceano. Um dos nossos encontros não passou de dentro do carro. A conversa se estendeu e os beijos mais ofegantes começaram ali mesmo. E a cada beijo sentia as pontas dos seus dedos rodearem os meus seios. Quanto mais ele praticava os toques, mais eu sentia minha calcinha molhar. Assim ele ficava durante um tempo. Júlio beijava em volta dos meus lábios, fazia uma massagem com a ponta da língua na parte superior dos meus lábios, beijava meu pescoço, beijava meus braços, chupava meus dedos, me deixava louca. Não via a hora de sentir aquela boca molhadinha e quente envolvendo minhas partes mais íntimas. Ele desabotoava minha blusa em câmera lenta, era enlouquecedor! Cada botão que era aberto vinha acompanhado de beijos e pequenas mordidas. E minha respiração ficava cada vez mais difícil de controlar, porque meu corpo apenas suava. Quando percebi que o último botão tinha sido aberto, fiquei mais feliz ainda, pois sabia que ele iria envolver meus seios em sua deliciosa boca. De repente, senti sua língua se movendo dentro do meu sutiã, e suas mãos, por trás, o abriam. Adorei tudo aquilo, era um jogo de sedução maravilhoso. O tempo passava e eu nem percebia. A hora chegou: eu sentia sua respiração próxima dos meus seios e, aos poucos, sua boca molhada pronta para se jogar num parque de diversão. Ele foi capaz de me levar a um orgasmo delicioso com os movimentos perfeitos que fazia com aquela boca que veio direto das profundezas do paraíso!" - (C. B. C., 29 anos, desenhista industrial).

Flaviane fala:

Quando um homem aprende a tocar o corpo de uma mulher, pode levá-la a ter vários orgasmos, não apenas tocando no seu órgão sexual, uma vez que todo o corpo é um templo de prazer maravilhoso. Toda mulher é muito diferente da outra. Então, descubra os outros pontos que levam sua parceira a prazeres desconhecidos. Crie toques diferentes e pergunte se ela está gostando. Fazer amor significa viajar no corpo, nos detalhes, nos momentos que podem vir acompanhados de penetração ou não. Fazer um amor assim também é extremamente satisfatório.

Dicas quentes:
- Faça uma espanhola nos seios da sua parceira. É muito excitante!
- Passe chocolate, Nutella, marshmallow, vinho, espumante, dentre outros nos seios dela e se delicie!
- Faça massagem com óleos quentes. A sensação é muito boa.
- Passe uma pedra de gelo e toque o local com a boca bem quente!
- Contorne os seios com o seu pênis.
- Use a criatividade, ela é sempre bem-vinda!

Técnicas para aumentar o prazer do casal
Parte 4

Sexo oral: bailando com a língua

Sua língua é um poderoso instrumento mágico para deixar sua parceira experimentar ou apreciar uma das sensações mais prazerosas da vida. Tenha certeza de que ela será muito grata se você usar a língua de forma intensa e graciosa. Para a mulher, um bom sexo oral é uma porta aberta da aceitação.

As instruções seguintes orientam homens e mulheres sobre como tocar e massagear o corpo feminino de uma maneira romântica e erótica. Com o sexo oral não é diferente. Sugerimos alguns toques, conforme pesquisas com as alunas. Elas mostram o que realmente as satisfazem. O que acha de aproveitar essas dicas?!

Apreciando a anatomia feminina:
- Mantenha sua língua sempre umedecida para ela deslizar e

não entrar em atrito. Se necessário, deixe água ou bebida no ambiente.

- Conserve sua língua mais relaxada, maleável, não a endureça. Ela terá que se moldar às formas da sua mulher. Se quiser fazer ponta (na língua), estique-a (colocando para fora). Repito: não a endureça.
- Cuidado com os dentes, eles podem fazer a mulher perder a excitação.
- Cuidado também com a barba. Se estiver por fazer, vá logo se barbear. Imagine essa "lixa" na cabeça do seu pênis. Pois é... As mulheres são mais sensíveis ainda.
- Fique ajoelhado entre as pernas dela. Afaste delicadamente a pele que recobre o osso púbico, empurrando-a em direção do umbigo para expor o clitóris da sua parceira. Primeiramente, beije toda a região, inclusive a parte interna da coxa.
- Posteriormente percorra com carícias os lábios vaginais.
- Fique passando a língua, sempre umedecida, pela fenda, entre os grandes e os pequenos lábios, mas sem tocar o clitóris diretamente.
- Então, comece a lamber a entrada da vagina. Penetre um pouquinho a vagina com sua língua. Mesmo que a parceira seja virgem, sua língua pode passear pela região. Isso a deixará louca porque ela vai querer desesperadamente que você dê alguma atenção ao clitóris.
- Só para fazê-la quase implorar, passe a ponta de sua língua pelos lados do clitóris (se não puder localizá-lo, trace uma faixa imaginária de um centímetro bem no meio da vagina e passeie pela sua beirada, assim não atingirá o clitóris, só a área lateral).
- Comece a beijar diretamente o clitóris. O primeiro toque deve ser suave e delicado, quase não o alcançando. Depois comece a lambê-lo lentamente, dedique-se a ele, vá lambendo-o devagar, usando cada vez um pouco mais de força e pressão. Faça com vontade, sua parceira ficará ainda mais apaixonada.
- Para intensificar o prazer dela, (mas sempre verificando se isso a agrada), você pode penetrar sua vagina com o dedo, antes,

durante ou em seguida ao orgasmo.

- Se você sugar o clitóris e penetrar com os dedos ao mesmo tempo, estará dando-lhe muito mais estimulação do que estaria dando com seu pênis sozinho.

Depoimentos de alunas:

"Ele me enlouquecia, me fazia viajar no toque da sua língua. Contava os dias e as horas para vê-lo. Relacionei-me com um cara muito especial. Porém, a distância era um fator que pesava entre nós. Portanto, tempo era algo que eu não deixava passar. Aproveitava tudo, especialmente os momentos mais íntimos. Paulo sempre teve muita paciência na hora de fazer amor e isso me levava ao céu. Seus beijos eram os mais enlouquecedores, ganhava beijos pelo corpo todo. Ele sempre me dizia que adorava o meu cheiro, e ficava ali, no meio das minhas pernas, durante um bom tempo, beijando, cheirando, lambendo e curtindo o que estava fazendo. Ele não tirava minha calcinha. Ficava tocando e empurrando a calcinha com a língua e, aos poucos, eu a sentia ficar encharcada. Eu adorava tudo aquilo! Sua língua era macia e graciosa, dançava dentro da calcinha, tocando todos os cantinhos. E assim eu era deliciada por aquele homem. Ele me levava a ter vários orgasmos apenas lambendo, beijando e chupando. Relacionei-me com outros homens, mas poucos têm essa arte de tocar o órgão sexual de uma mulher e levá-la ao êxtase." - (M. W. S., 39 anos, analista financeira).

"Fico extremamente triste quando meu parceiro me procura para ter relações, pois eu já sei que será mais um sexo entediante, como nos últimos 10 anos. Meu parceiro não gosta de fazer sexo oral. Fiz todos os exames para saber se havia algo de errado comigo, com o meu cheiro e sabor, mas nada encontrei. E fui percebendo que não era a praia dele mergulhar em mim ou em uma mulher. Quando a relação acabava, ficava aquele vazio, aquela sensação de algo faltando. O sexo oral é muito importante para a maioria das mulheres. Quando o parceiro não é um apreciador, causa vontade de descobrir essas sensações maravilhosas na boca de outros homens. Muitas vezes sonhei que outro homem me possuía e minha imaginação visitava outros planetas constantemente. É uma pena porque ele é um bom homem. E não sei mais como lidar com a vontade de tê-lo me tocando com sua boca." - (F. W. S., 30 anos, relações públicas).

"Tenho um grande trauma. Não gosto que homem nenhum me toque, ou melhor, faça sexo oral em mim. No início do meu casamento, meu parceiro não demonstrava desejo em me tocar com sua boca, pulava sempre essa etapa. Essa atitude doía ardentemente dentro de mim, visto que sempre achava que o problema estava comigo e percebi que não. Uma vez pedi que ele fizesse um delicioso sexo oral, disse o quanto era importante para mim e ele tentou. Mas, foi um desastre, um dos piores momentos... Ele fez ânsia de vômito e, quando percebi, fiquei arrasada... Até hoje tenho muita dificuldade para chegar ao orgasmo e sexo oral nunca mais. Às vezes, a pessoa que amamos tem o poder de nos matar por dentro." - (W. Z., 36 anos, advogada).

Flaviane fala:

Inúmeras alunas abordam sempre a falta de paciência e de conhecimento do homem sobre a anatomia feminina. Muitos tocam com falta de carinho, mãos secas e sempre vão direto ao assunto, ou seja, ficam sugando sem trabalhar a sensualidade da boca. Sentimos a diferença do toque da boca de quando um homem realmente gosta do que está fazendo. Geralmente, eles valorizam muito a penetração, sendo que esse momento será um complemento do ato e não o todo. Quando o casal está em sintonia, descobre os segredos escondidos que fazem a mulher ficar extremamente excitada. Uma ótima sugestão: leve sua parceira a atingir não apenas um orgasmo, mas orgasmos múltiplos, com sua poderosa boca. Não desperdice a grande oportunidade de ser um instrumento de realização da sua parceira em todos os sentidos.

Dicas quentes:
- O melhor sexo oral é aquele feito com vontade.
- Óleos quentes para sexo oral podem agradar sua parceira. Experimente!
- Usar um vibrador quando estiver fazendo sexo oral pode deixar sua parceira maravilhada. São duas sensações surpreendentes.
- Boca com sensação de geladinha é maravilhosa também, alter-

ne entre o frio e o quente.

- Faça vibrações com a boca, do tipo "hummmmmm!". Isso causa uma vibração maravilhosa quando feito em cima do clitóris.

- Muitas mulheres gostam que o homem beije o órgão sexual feminino como se estivesse beijando a boca delas e chupe seu clitóris como se fosse a língua.

- Se sua língua cansar, use o nariz e o queixo para executar os movimentos. Muitas mulheres apreciam a pressão do queixo na entrada da vagina enquanto outros pontos são tocados.

- Lembre-se de que o movimento precisa ter uma tensão crescente, ou seja, deve começar mais lento e aumentar gradualmente. Quanto mais próximo a mulher estiver do orgasmo, acelere sua língua intensamente.

- Um bom sexo oral deve demorar no mínimo 10 minutos, podendo chegar a 30 minutos.

Um conjunto perfeito:

Enquanto você faz sexo oral, é muito sugestivo que introduza o dedo tanto no canal vaginal como também na entrada do ânus, ambos riquíssimos em terminações nervosas.

Técnicas para aumentar o prazer do casal
Parte 5

O toque que faz a diferença

Toque todas as áreas ao redor da vulva da sua parceira. Faça movimentos em que você consiga tocá-la por inteiro. Suas mãos devem estar lubrificadas para aumentar a sensação de calor – com certeza fará muita diferença. Massageie entre os lábios, no períneo. Faça massagem em círculos em cima do osso púbico (embaixo do umbigo). Em seguida, inicie estimulando o clitóris com o dedo.

Quando ela estiver começando a ficar excitada, – o Ponto G aumenta quando a mulher fica excitada – procure a região com um ou dois dedos, como se estivesse tentando tocar o umbigo por dentro da vagina. Uma dica: a pele desse local é mais enrugada. Encontrado o tal do Ponto G, é só tocar, tocar, tocar, enfim, praticar. Peça a ela que lhe mostre o caminho. Existem vibradores e massageadores que estimulam tanto o ponto G quanto o clitóris e podem ajudar nessa tarefa e ainda deixar a relação mais quente.

Depoimento de aluna:

"Por muito tempo tentei entender o que ele fazia com suas mãos. Apenas posso denominá-lo como 'dedos fantásticos'. Tudo era muito bom, mas perfeitos eram o toque e os movimentos que ele fazia com seus dedos na minha deliciosa xoxota. Ele me tocava como se estivesse tocando num instrumento musical. Seus dedos tinham preciosidade, suavidade e ritmo. Antes da penetração, ele posicionava meu clitóris entre dois dedos e ficava mexendo num único ritmo (para cima e para baixo) durante um bom tempo. Ele intercalava com movimentos de círculo com o dedão, eu sentia as faíscas fluindo. Sentia o pulsar e o latejar dentro de mim, porque nenhum homem me tocou de tal forma. Além disso, ele combinava alguns toques com a boca em outras partes do meu corpo. Era demais!" - (R. S. S., 41 anos, bancária).

Flaviane fala:

Não reduza seus momentos apenas à penetração. As relações sexuais estão ficando muito burocráticas. Diversos casais nem se beijam mais, principalmente na hora do sexo. Fica um momento para uma satisfação fisiológica. Não existe erotismo. Pior ainda são aqueles homens que nem se preocupam se a mulher chegou ao orgasmo. Isso torna o sexo completamente entediante. Você gostaria de viver assim? Se você escolheu uma parceira para chamar de sua, então, vale a pena melhorar um pouco mais nesse aspecto, não acha? Estou certa de que ela perceberá sua dedicação e desempenho e, sem dúvida, retribuirá.

Dicas picantes:

• A mulher não tem o mesmo ritmo que o homem para o sexo.

Então, comece a fazer amor com sua parceira pela manhã, seduzindo-a. Mulher é como panela de pressão: demora para pegar, mas, depois, fica quente por um bom tempo!

- Um telefonema, um torpedo ou um e-mail no decorrer do dia fará muita diferença. Faça isso com frequência. Mulher é muito estimulada dessa forma.
- Passe um perfume que ela gosta e coloque uma cueca samba-canção de seda (deixa o homem muito elegante).
- Seduza sua parceira. Exemplo: chegue com um bom vinho embaixo do braço e diga que a sua mulher é uma companhia maravilhosa.
- Dê presentes, compre uma lingerie. Há mulheres que ficam alucinadas com esse jogo de erotismo.
- Coloque uma música e dancem nus, isso é perfeito para fortalecer a intimidade. Toquem-se enquanto dançam. Diga o quanto você a ama.
- Corra risco, tente aquelas rapidinhas em lugares diferentes. Vocês faziam isso no início do relacionamento? Então, reviva esse momento!
- Realize fantasias com sua parceira, aquela fantasia que você sonhava na sua juventude. Quem sabe agora pode ser melhor do que antes?!
- Elogie o que você mais gosta no corpo dela. Mulher gosta de saber que chama atenção do seu homem.
- Não existe nada pior do que um homem meramente egoísta na cama.

Técnicas para aumentar o prazer do casal
Parte 6

Brincando com a imaginação

Os acessórios, como vibradores, anel peniano e *bullets*, não são um tipo de varinha mágica que dará, automaticamente, à sua parceira orgasmos melhores e em maior quantidade. Entretanto, podem ajudar a incrementar, e muito, a relação a dois.

Como fazer:
- Na hora das preliminares é muito bom agregar acessórios, entre eles o vibrador.
- Passe o vibrador em várias partes do corpo da parceira (seios, nádegas, barriga, coxas, lábios, etc.).
- Lubrifique o vibrador.
- Faça sexo oral e introduza o vibrador no canal vaginal. Realize os movimentos simultaneamente.
- O anel peniano causa uma sensação muito particular na parceira. Você pode colocá-lo na base do pênis e, em diversas situações, ele tocará no clitóris.
- O plug anal você encontrará de vários formatos, dentre eles existe um modelo com bolas no tamanho crescente. Você pode introduzir no canal do ânus enquanto você faz penetração vaginal.
- Aprecie a cena - conforme o que cada acessório causará. As sensações são deliciosas para ambos.
- Não deixe de abusar das frases eróticas.
- Na posição 69 é muito sugestivo você fazer sexo oral e, ao mesmo tempo, promover a penetração com o vibrador.

Dicas:
- Uma ou duas gotas de lubrificante deixarão seu vibrador, anel peniano que vibra, *bullets* e *plug* deliciosamente deslizantes.
- Homens gostam de vibradores também! Aproveite o momento e brinque com sua parceira.

- Se for partilhar, usar no ânus ou para simplesmente facilitar a limpeza do vibrador, coloque um preservativo no mesmo.
- Após o uso, limpe o objeto com água e sabonete bactericida.

Técnicas para aumentar o prazer do casal
Parte 7

Ousando com técnicas de *spanking* e *bondage* (toque e submissão)

Muitas pessoas – mulheres e homens – têm o fetiche de ser totalmente submissas na hora do sexo. Ser algemada e possuída pode apresentar um efeito devastador. Experimente, ela pode adorar!

Material necessário e o que fazer:

- Uma algema ou gravata, uma venda, uma rosa e um chicote. Se quiser, acrescente também outros acessórios para brincadeiras de sadomasoquismo, como separador de pernas, algemas que prendem as mãos e as pernas, dentre outros. Há materiais de sado em sex shops. Visite um, você pode achar algo interessante.
- Opcional: um vibrador, óleo de massagem, bebidas, uvas e chocolate.
- Ilumine o ambiente com velas ou pouca luz.
- Coloque-a apenas de calcinha e sutiã na cama ou na cadeira.
- Amarre sua parceira.
- Ponha uma venda nos olhos dela, para que perca um sentido e aguce outros.
- Fale frases picantes nos ouvidos da parceira e também o que fará com ela.
- Diga que ela será sua escrava sexual e que quem manda hoje é você.
- Faça uma massagem com ela amarrada. Toque todo o corpo da sua parceira com as mãos, uma rosa ou um chicote, como preferir. As sensações são diferentes.

- Em seguida, dê umas palmadinhas (devagar) para ela curtir. Seja cauteloso se for a primeira vez.
- Faça sexo oral na sua amada com os olhos dela vendados. Coloque frutas ou bebidas em sua boca. Um sexo oral assim é maravilhoso e você ainda pode tocá-la com outros acessórios (vibrador, por exemplo).
- Use a sua criatividade! Você irá arrasar!

Depoimento de aluna:

"Logo no início do namoro, me surpreendi com as atitudes do meu namorado. Quando íamos para o motel, ele sempre levava uns brinquedinhos e era muito bom, diferente de tudo que tinha vivido nos relacionamentos anteriores. Descobri muitas coisas com ele, dentre elas, ser algemada, dominada, sentir a delícia de um vibrador dentro de mim. Havia posições que eram prediletas para usar o vibrador. Adorava quando ele fazia um sexo oral delicioso, quando me penetrava com o vibrador, a sensação é única. Gostávamos muito quando estávamos na posição 69 e esse jogo erótico se realizava. Adorava quando eu ficava de quatro e meu namorado me tocava na região do ânus com a língua e mergulhava os brinquedinhos dentro de mim. Nós nos conhecemos há sete anos e até hoje, às vezes, temperamos nossos momentos com algo a mais." - (P. S., 44 anos, assistente comercial).

Flaviane fala:

É uma combinação perfeita quando o casal está aberto a novas brincadeiras no relacionamento. Os acessórios não substituem a ternura dos beijos, a temperatura da pele, a sensação do parceiro dentro da mulher, entretanto podem deixar a situação mais picante. Isso pode ser feito de vez em quando. Por que não? É muito bom almoçarmos em restaurantes diferentes, ouvir músicas diferentes, tomar uma bebida diferente. No sexo também podemos fazer assim, variar o "cardápio".

Técnicas para aumentar o prazer do casal
Parte 8

Massagem erótica com a língua ou com o pênis

Essa é uma técnica de massagem erótica para você brincar com a língua ou com o pênis na vagina com movimentos em sequência.

Como fazer:
- Ele coloca e retira somente a cabeça do pênis ou a língua superficialmente, nove vezes. Depois, coloca o pênis inteiro ou a língua profundamente, uma vez.
- Oito movimentos superficiais, dois profundos.
- Sete movimentos superficiais, três profundos.
- Seis movimentos superficiais, quatro profundos.
- Cinco movimentos superficiais, cinco profundos.
- Quatro movimentos superficiais, seis profundos.
- Três movimentos superficiais, sete profundos.
- Dois movimentos superficiais, oito profundos.
- Um movimento superficial, nove profundos.
- Deixe sua imaginação fluir!

Técnicas para aumentar o prazer do casal
Parte 9

Estimulação vaginal e cervical (colo do útero)

Estímulos no ponto G, no colo do útero e nos lábios da vulva também podem gerar orgasmos. Recentemente, descobriu-se que essa técnica permite que até mesmo pessoas paraplégicas tenham prazer sexual. Pesquisa divulgada há pouco tempo nos Estados Unidos, verificou que em uma amostra de 128 mulheres, 94% das envolvidas relataram que a estimulação do clitóris as levava ao orgasmo; 63% afirmaram que a vagina também era responsável pelo prazer e 35% apontaram o colo do útero como o local do clímax.

Dica:

Você pode fazer exercícios de estimulação na sua parceira usando um vibrador para excitar o fundo do canal vaginal ou pode estimulá-la a fazer sozinha. Quanto mais ela conhecer o corpo dela, será muito melhor para o relacionamento de vocês como um todo.

Técnicas para aumentar o prazer do casal
Parte 10

Estimulação na uretra: o Ponto U

O Ponto U é mais um que está à sua disposição para ser explorado. Com criatividade e carinho, você expande a caixinha de pontos eróticos da sua parceira. O Ponto U está localizado na entrada da uretra (por onde sai a urina) e é um ponto de prazer para muitas mulheres. Isso não é de surpreender, já que essa região fica entre o clitóris e o introito vaginal (entrada da vagina), área supersensível.

Pressioná-lo ou massageá-lo com os dedos ou a língua, ou até com um acessório, abusando de movimentos circulares ou de cima para baixo, pode conduzir a mulher a um clímax inesquecível. Já no homem, o Ponto U fica na entrada da glande. Ele pode ser tocado suavemente pela mulher, com os dedos e a língua.

Técnicas para aumentar o prazer do casal
Parte 11

Toques combinados e simultâneos

Toque simultaneamente alguns pontos eróticos da sua parceira, faça com que ela possa apreciar a plenitude desse momento tão envolvente. O orgasmo combinado é um conjunto de toques em pontos diferentes e pode levar sua parceira ao êxtase. Certamente será um prazer para ambos.

Combinações dos toques:
- Seios + Ponto U
- Boca + Seios
- Ponto G + Ponto U
- Clitoriano + Ponto G
- E muita criatividade!

É muito excitante quando o homem demonstra que gosta de tocar, apreciar e se encontrar no corpo da mulher. Realize esse conjunto de toques e observe a resposta corporal da sua parceira. Sem dúvida, ela curtirá profundamente.

Flaviane fala:

Se existe uma coisa que as mulheres podem criticar, é a falta de tempo de estimulação ou a frequência de muitas das famosas transas rapidinhas. Lembre-se de que as preliminares não são como uma porção de tira-gosto, que corta o apetite. Muito pelo contrário! Despertam a libido para fazer amor durante horas. É bastante desmotivador quando a parceira contempla todos os finais de semana o homem sentado na poltrona em frente à televisão, comendo batatinha ou linguiça frita, com um calção de cinco anos atrás, uma latinha de cerveja na mão, assistindo ao futebol e ainda tendo de observar as notas musicais dos indelicados arrotos. Uma companheira não precisa apreciar suas intimidades e necessidades fisiológicas – feche as portas! Essas atitudes, com certeza, a deixarão longe, com crise de dor de cabeça e com a calcinha bem seca... A mulher funciona de modo diferente do homem. Admiramos o homem que fica com a barba em dia nos finais de semana, com roupas limpas e cheirosas e um bom perfume. Precisamos admirar nossos companheiros. Se um homem não se cuida, será ainda pior com a parceira. As mulheres anseiam ser amadas, acariciadas, desejadas e cortejadas pelo parceiro. Cuidar é mais fácil do que recuperar uma perda. Pense nisso!

Técnicas para aumentar o prazer do casal
Parte 12

Fantasiando...

Reservei para este trecho as fantasias femininas mais mencionadas em uma pesquisa realizada com mil alunas. Vale a pena você conhecer, escolher algumas delas e colocá-las em prática!

I. Livre, leve e solto!

Não é nada excitante ter um homem machista e dominador na cama. Aquele tipo de homem que só pensa nele ou no seu prazer, deixando muitas vezes os desejos e anseios da sua parceira a "ver navios". Segundo algumas alunas, elas sofrem muito em esses tipos de parceiros. Vale a pena você continuar fazendo sua parceira infeliz nessa área? Seja livre e curta as fantasias da parceira, abra as portas da intimidade, demonstre que gosta de estar num parque de diversões com ela. Sexo precisa ser leve e solto, sem preconceito e contenção. Faça a diferença na vida da sua amada!

II. Surpreenda!

Mulheres adoram ser surpreendidas. Existem mulheres apaixonadas pelos parceiros que se destacam na cama e fora dela. Elas amam ganhar lingerie. Escreva para a parceira sugerindo o que ela pode fazer com você ao utilizar aquela peça maravilhosa. Há muitas mulheres que adoram ganhar flores, uma cesta de café da manhã, vinhos, chocolates, livros e presentes particulares, dentre outras coisinhas que tenho certeza que você conhece. Há quanto tempo você não faz a diferença na vida dela?

III. No carro e na garagem

Ser deliciada no carro ou na garagem, esse é um dos desejos femininos! Deixe-a extasiada com os toques das suas mãos maravilhosas sobre as roupas dela. Dê pegadas diferentes, beijos ofegantes por todo o corpo. Depois coloque a calcinha de lado, fique ajoelhado no meio das pernas da parceira e leve-a a um orgasmo inesquecível. Precisamos disso, acredite! É bom demais!

IV. Strip-tease

Engana-se quem crê que as mulheres curtam somente fazer *strip-tease*. Elas também ficam loucas por homens que aprontam essa surpresa. Se ainda não colocou essa arte em prática, aproveite sua autoconfiança e faça desse jogo um momento muito especial. Coloque uma seleção de músicas que vocês possam dançar e sugira à sua parceira que cada um dançará para o outro. Quem sabe você pode se surpreender.

V. Banho de gato

Uma mulher declarou: "ele me deu um banho de língua, começou pelos dedos dos meus pés (que delícia ter meus 20 dedinhos chupados!) e terminou na minha boca. O mais gostoso? Ser lambida por inteira! E a xoxotinha ele deixou para o final... Não sabia o que estava mais molhado, se era o meu corpo ou a minha calcinha!".

VI. Paga pelo trabalho

Quando a sua parceira fizer algo que você gosta muito, tire uma boa nota da carteira e diga que adorou o serviço. Elas ficam enlouquecidas! Alunas já confessaram ficaram super estimuladas para ousar, visto que, muitas delas criam uma personagem para se sentir mais a vontade na hora de brincar.

VII. Fonte de desejo

Pegue uma deliciosa bebida de sua preferencia e consuma no corpo da parceira. O corpo tem mil possibilidades de ser explorado, é alucinante perceber o parceiro se deliciando em cada parte do corpo, causa um arrepio impetuoso. Lubrifique seus dedos e contorne sua orelha, seus lábios, sua nuca, na área da axila e divirta-se com sua língua malvada. Jogue a bebida nos seios, na barriga, descendo pelas coxas, nos dedos dos pés e depois na deliciosa fonte de desejo e embriague- se de tesão! Você também pode colocar seu membro na boca da parceira e formar uma cascata de magia.

VIII. E-mail, torpedo ou carta picante

Escreva para a sua parceira um conto erótico. Descreva uma situação que queira vivenciar com ela, fale do local, da roupa, do toque, com o máximo de detalhes que você gostaria de presenciar. Faça a corrente sanguínea borbulhar de excitação! Mulheres gostam de história, de se imaginarem entrando num jogo como esse. Elas adoram ser desafiadas.

IX. Erótica toys

Sim, isso mesmo. Elas gostam de brincar com alguns acessórios. Dentre as opções: algemas, venda nos olhos, óleos quentes, velas comestíveis no corpo, *bullets* e alguns tipos de vibradores. As sensações únicas da sua pele, do seu beijo e um apetrecho para brincar se tornam uma combinação perfeita.

X. Sensações em dose dupla

É verdade que elas se imaginam na cama com dois homens. Mas você pode proporcionar algo parecido: faça um ardente sexo oral e, simultaneamente, introduza um vibrador, efetuando movimentos similares aos do pênis. Ou ainda, enquanto curte um sexo anal, promova movimentos de estocadas com a prótese no canal vaginal. Também faça um 69 massageando a vulva enquanto realiza penetrações com o vibrador. Muitas mulheres são apreciadoras dessas artes, confessam que ficam loucas com seus parceiros que são amantes das brincadeiras. Há mais de 40 anos, o Relatório da Sexualidade Feminina, elaborado pela sexóloga americana Shere Hite, já abordava uma significativa parcela de mulheres que apreciavam o uso de algum apetrecho estimulando seu clitóris.

XI. Algo a mais

Assim como os homens são admiradores de uma deliciosa sessão de sexo selvagem, romântico, telefônico, virtual e casual, as mulheres também são. Acreditem, elas confessam atração pelos homens que têm uma forma especial e diferente de beijar, homens criativos, que se preocupam com seus desejos. Seja o melhor em alguma das técnicas e deixe-a enlouquecida. Pode ser na massagem, no sexo oral, no beijo, nas brincadeiras, seja especialista em algumas dessas áreas e invista no seu relacionamento. Como não nascemos com um manual de fabricação, o mais importante são a observação e a percepção referentes à sua parceira para você fazer o melhor. Comunique-se!

XII. Tudo pode ser explorado

Sim, sim, sim!!! Diversas são as formas que você pode ousar com a parceira. Não fique apenas na cama do seu quarto, carregue-a para cozinha e coloque-a sentada na pia, em cima da mesa, nas cadeiras da varanda, no tapete, na máquina de lavar roupa, em cima da cômoda, na cadeira do quarto, na escada do prédio, na garagem, no estacionamento de algum lugar, no quarto de visita, em cima do capô do carro, no banheiro da festa, na garagem do motel, no quarto do hotel. Qual desses lugares vocês ainda não estrearam?

XIII. Sem culpa

Quanto mais natural e leve for a relação sexual do casal, mais o ser humano se volta para si. Em nossa cultura, por milhares de anos, as mulheres foram perseguidas, marginalizadas, castradas e, muitas vezes, tratadas como anorgásmicas. Algumas religiões simplesmente abominam trabalhar a sexualidade de uma forma saudável e sem peso. Ao contrário, muitas estimulam o sexo como um ato apenas destinado à procriação. Em outros países, as mulheres usam burcas e têm seus clitóris extirpados para não sentir prazer. Atualmente, existem ONGs espalhadas pelo mundo que lutam contra a mutilação genital feminina. Admiro a quantidade de alunas religiosas que procuram se libertar e ser felizes sexualmente. O homem tem papel extremante importante como apoiador, admirador e motivador da sua parceira. Muitos embarcam junto com elas e buscam ser mais completos juntos, e outros negligenciam esse tema dentro e fora de casa. Geralmente, os resultados não são os melhores para o casal. Não sou uma

apologista de uma vida em sociedade sem limites e não vou mergulhar num debate antropológico e social sobre a vida sexual de vários
povos. Apenas acredito que podemos aprimorar nossa forma de pensar e agir para fazer o melhor para a vida a dois.

Considerações finais

Escrever este livro é a materialização de mais um sonho, composto por um ingrediente chamado desafio. Especialmente por abordar um tema tão delicado, o sexo, numa sociedade moralista, muito preconceituosa e cheia de dúvidas e tabus. Necessitamos romper muitas correntes que nos aprisionam, carecemos voltar a nos olhar numa visão endógena. Diversas vezes será indispensável nos destruirmos para nos reconstruirmos com uma visão mais leve sobre nós mesmos.

Estamos a passeio aqui na Terra e é aqui que você deve se permitir. Não deixe sua vida passar em branco, viva do modo mais colorido. Ame e seja amada! Não consinta que o outro tenha o controle de sua vida. Você precisa direcioná-la. Todos os dias, ao levantar e ir trabalhar, penso no que posso fazer diferente para auxiliar as mulheres a serem mais felizes e realizadas sexualmente.

Sofri muito preconceito e discriminação quando iniciei o meu trabalho – ser uma professora de artes sensuais, aquela que ensinaria às mulheres várias técnicas e dicas que aprendi na minha vida acadêmica e pessoal. Não sou uma deusa do sexo, sou uma mulher que buscou se conhecer melhor. Sou uma mulher corajosa, acreditei em mim e no meu trabalho e que poderia fazer a diferença na vida das outras mulheres.

Tenho uma filosofia de vida: não existem vitórias sem sacrifícios, não existe conhecimento sem agregar tempo. Aprendi a me respeitar como mulher acima de tudo. E, sem dúvida, reafirmo esse conceito. O romantismo é um antídoto contra a rotina e uma inspiração para a paixão. Quando se busca tornar o relacionamento mais romântico, mais envolvente e criativo, sem dúvida, atinge-se um momento maravilhoso para o casal.

E, principalmente, aprendi que o amor só morre se não cuidarmos dele.

Referências

BARKET, Tara. **O livro do orgasmo**. Rio de Janeiro: Editora Jorge Zahar, 1998.

BENEDIKTER, Franz. **Segredos do toque amoroso**: carinhos que trazem a felicidade, saúde e beleza. Rio de Janeiro: Editora Pallas, 2002.

BODANSKY, Steve; BODANSKY, Vera. **Orgasmo**: amplo, geral e irrestrito. Rio de Janeiro: Editora Record, 2003.

DELVIN, David; WEBBER, Christine. **Entendendo e melhorando seus orgasmos**. São Paulo: Editora Phorte, 2004.

FERREIRA, Aurélio Buarque de Holanda. **Dicionário Aurélio Básico da Língua Portuguesa**. Rio de Janeiro: Nova Fronteira, 1988.

GACH, Michael Reed. **Massagens Afrodisíacas**. Do-In: Técnicas para aumentar o prazer. Rio de Janeiro: Editora Nova Era, 2006.

GALLOTI, Alicia. **Sexo Tântrico**. Os segredos mais sensuais do erotismo oriental ao seu alcance. São Paulo: Editora Academia de Inteligência Ltda, 2010.

HOOPE, Anne. **Sexo sem limites**: atravessando as fronteiras finais do prazer. São Paulo: Editora Gente, 2008.

KADOSH, Carlos; IMAGUIRE, Celine. **Pompoarismo**: o caminho do prazer. Curitiba: Editora Éden, 2008.

LEAL, Otávio. **Maithuna** – Sexo Tântrico. São Paulo: Editora Alfabeto, 2004.

PACHECO, Paulo. **A arte da borboleta sexual** – Bicolíngua/Bicoleta. São Paulo: Editora Empório do Livro, 2005.

PAGET, Lou. **Seja um amante sensacional**. Como dar a ela prazer absoluto. São Paulo: Editora Manole Ltda, 2001.

_____. **O Grande oooh!** Orgasmos: como tê-los, como provocá-los e como fazer para que continuem ocorrendo. São Paulo: Editora Planeta do Brasil, 2006.

PERTOT, Sandra. **Os dez tipos de libido**: descubra o seu e o da pessoa amada e veja como melhorar o relacionamento sexual. São Paulo: Editora Ideia e Ação, 2007.

SAINT-LOUP, Margot. **177 maneiras de enlouquecer uma mulher na cama**. Rio de Janeiro: Editora Ediouro, 2005.

SITA, Maurício. **Como levar um homem à loucura na cama**. São Paulo: Editora Viver Melhor, 2010.

Websites consultados:

http://www.inpasex.com.br

SOBRE A AUTORA E O SEU TRABALHO

...viane Brandemberg é empresária e escritora. Formada em serviço social pela Faculdade Católica Salesiana do Es-...to Santo, possui certificação em programação neolinguística pelo Instituto de Desenvolvimento Pessoal (Indesp). ...mbém é pós-graduada em Psicanálise Clínica e formação no curso de Sexualidade Humana pelo Portal de Educação. ...oito anos, é educadora sexual e professora de técnicas orientais, como pompoar e exercícios tântricos, dança sen-...l, massagem sensual, dentre outras. Periodicamente, realiza pesquisa de campo em outros países para aperfeiçoar ...trabalho. Palestrante, já participou de várias entrevistas em jornais, revistas, rádios e emissoras de TV abordando ...ma sexualidade e sensualidade feminina, sendo uma referência no segmento.

...um estúdio no qual realiza atendimento individual e em grupo com o objetivo de levar qualidade de vida e bem-estar ...das as mulheres, estendendo essa conquista aos casais. Mande seu depoimento para contato@flavianebc.com.br. ...e com a autora: Rua Fortunato Ramos, 116, sala 405, Praia do Canto - Vitória (ES), CEP 29055-290. Telefone (27) ...27-0304. Website: www.flavianebc.com.br - Acesse e conheça a nossa loja virtual.